写给孩子的山海经

异兽 篇

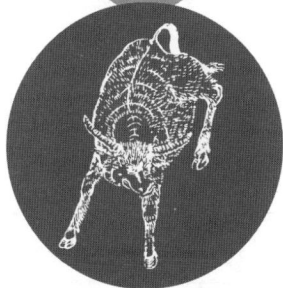

竹马书坊◎著

民主与建设出版社

·北京·

图书在版编目（CIP）数据

写给孩子的山海经．异兽篇 / 竹马书坊著．— 北京：民主与建设出版社，2017.7（2021.8 重印）

ISBN 978-7-5139-1466-6

Ⅰ.①写… Ⅱ.①竹… Ⅲ.①历史地理 - 中国 - 古代 - 少儿读物 Ⅳ.①K928.631-49

中国版本图书馆 CIP 数据核字（2017）第 064628 号

© 民主与建设出版社，2017

写给孩子的山海经．异兽篇
XIEGEI HAIZI DE SHANHAIJING YISHOU PIAN

著　　者	竹马书坊	
责任编辑	郎培培	
装帧设计	润和佳艺	
出版发行	民主与建设出版社有限责任公司	
电　　话	（010）59417747　59419778	
社　　址	北京市海淀区西三环中路 10 号望海楼 E 座 7 层	
邮　　编	100142	
印　　刷	天宇万达印刷有限公司	
版　　次	2017 年 7 月第 1 版　2021 年 8 月第 5 次印刷	
开　　本	880mm×1230mm　1/32	
印　　张	8.5	
字　　数	110 千字	
书　　号	ISBN 978-7-5139-1466-6	
定　　价	38.00 元	

注：如有印、装质量问题，请与出版社联系。

关于宇宙以及天地的形成，古人是这样描写的：

天地混沌如鸡子，盘古生其中，万八千岁，天地开辟，阳清为天，阴浊为地……

于是，天地开辟之后，女娲就创造了人类。

那么，人类出现之后，上古时期又出现了哪些生物？发生了哪些故事呢？

《山海经》是一部具有百科全书性质的上古奇书，内容无所不包，历史、神话、传说、民俗、地理、动物、植物、矿产、医药等无不涉及，对于了解当时的历史、地理等具有非常重要的意义。但是《山海经》最为突出的当属它的神话传说，也是最有价值的部分。

《山海经》记载了很多上古时期的神话故事，如夸父逐日、精卫填海、羿射九日、鲧禹治水、女丑祈雨等。这些上古神话的神秘诡谲和璀璨多彩，至今仍令人心驰神往。

上古时期人类把某种动物、植物或者非生物等当作是自己的亲属、祖先或者保护神，相信它们会保护自己，并且还可以获得它们的力量和技能，这就是图腾。在上古时期，并没有统一的国家，而是由大大小小的氏族组成。每一个氏族都拥有图腾，而且这些图腾还会被崇拜者极度神化。这些图腾传到后世，就变成各种各样的神兽、怪兽、畏兽、异兽。还有一些动物由于行踪诡秘，较少与人接触，也会被人们敬畏和传说。本书就是由这些异兽传说缀集而成的。

图是《山海经》的灵魂，据说《山海经》是先有图后有文的。曾经有不少名家为《山海经》配过图，比如南朝的张僧繇就画过《山海经图》。但这些图已经佚失，不复得见。目前所能见到的《山海经》的配图，多由明、清时期的画家所绘。本书中引用的图片，出自以下几个版本。

明代胡文焕《新刻山海经附新刻山海经图》，书中简称明·胡文焕图本；明代蒋应镐《山海经（图绘全像）》，简称明·蒋应镐绘图本；清代吴任臣《增补绘像山海经广注》，简称清·吴任臣图本；清代汪绂《山海经存》，简称清·汪绂山海经存本；清代毕沅《山海经新校正》图注原本，简称清·毕沅图注原本；清代郝懿行《山海经笺疏》，简称清·郝懿行图本；日本江户时代的《怪奇鸟兽图卷》，简称日本图本；清代吴任臣注，四川成或因绘图的《山海经绘图广注》，简称清·四川成或因绘图本；上海锦章图书局于民国八年出版的《山海经图说》，简称上海锦章图本；清代《钦定古今图书集成·博物汇编·禽虫典》中的异禽、异兽图，简称清·禽虫典。

　　至于本书中的介绍文字，每一篇都是在广泛参阅古今资料，并且取其精华、博采众长的基础上编写而成的。由于笔者水平所限，书中难免会有疏漏及不当之处，欢迎广大读者批评指正。

目录

狌狌——知人名、说人话

《南山经》 　有兽焉，其状如禺^①而白耳，伏行人走，其名曰狌

（xīng）狌，食之善走。

《海内南经》 　狌狌知人名，其为兽如豕^②而人面，在舜葬西。

【图一】明·蒋应镐绘图本

注释：

① 禺（yǔ）：古代传说中的一种猴。

② 豕（shǐ）：猪。

狌狌的传说

招摇山是《山海经》中记载的第一座山，而这座山被记载的唯一兽类就是狌狌。狌狌的形貌像猿猴，但长着一双白色的耳朵，既能四肢着地爬行，又能像人一样直立行走。

据说狌狌还有一种很特别的能力，只要看见一个人，就能知道他的名字，看见一样东西，就能知道其种类和来历。这种能力是它们的天赋。狌狌走路的速度很快，那人们是怎么抓到它们的呢？原来，狌狌特别喜欢酒和草鞋，知道这一点的人们，就在它们经常路过的路上摆上酒，还放上几十双连在一起的草鞋。狌狌路过时，看见这些东西，就叫着摆酒人的名字并叫嚷着"你们又想诱惑我吗，我不会再上当了！"边说边坚决地走开了。不一会儿，它们又返回来，其中一只狌狌说："我们稍微尝一点怎么样？只要我们小心一点，就不会喝多的。"于是所有的狌狌都拿起酒坛喝两口，然后又骂骂咧咧地走开了。

过一会儿，它们忍不住又回来多喝了几口，然后再边骂边走开。这样折腾好几次，最后实在忍受不了诱惑了，就举起酒坛咕咚咕咚开怀痛饮起来。喝到兴起，还把草鞋套在脚上。这时候，埋伏在周围的人就出来捉它们。由于狌狌已经喝多了，再加上连在一起的草鞋，于是它们怎么也跑不动，便被人们抓住了。这些狌狌酒醒后就非常后悔，说下次一定要记住这个教训。可它们明知道这是人类的诱惑，依旧每一次都忍不住喝醉，所以每一次都会被捉住。

【图二】明·胡文焕图本

【图三】清·汪绂山海经存本

鹿蜀——多子之兆

《南山经》　　有兽焉，其状如马而白首，其文如虎而赤尾，其音如谣^①，

其名曰鹿蜀，佩之宜子孙。

【图一】清·汪绂山海经存本

鹿蜀之獸馬
質虎文驤首
吟鳴矯足騰
犛佩其皮毛
子孫如雲

鹿蜀状如馬而白首其文如虎而赤
尾佩其皮宜子孫出枉陽山

【图二】清·毕沅图注原本

注释：

① 谣（yáo）：古代指不用乐器伴奏的歌唱。

鹿蜀的传说

从招摇山往东一千多里，有一座杻（niǔ）阳山。杻阳山是一座非常富饶的山，山的南边盛产黄金，北边盛产白银。在杻阳山上生活着一种瑞兽，叫作鹿蜀。鹿蜀的形貌很像马，同样是健壮的身躯，善跑的本领。不同的是，鹿蜀的头部是白色的，有一身比老虎的斑纹更为华美的纹路，尾巴是红色的。鹿蜀是成群聚居的，经常在山冈和草地上奔跑，四蹄强健，如雷奔腾。鹿蜀的叫声很好听，时常会直立前身，唱一两首好听的歌。

我国民间有这样的传说：谁披上鹿蜀的皮毛，谁就可以子孙满堂。因此，鹿蜀经常遭遇人们的捕杀，在很早以前就已经灭绝了。

据说秦朝丞相赵高指鹿为马的时候，就费尽心思找了一头鹿蜀。秦二世时期，赵高为排除异己，特意派人去南方找来一种既像马、又像鹿的奇异动物。秦二世和群臣一时难以判断出它到底是马还是鹿。赵高的如意算盘是：如果秦二世说是鹿，自己就说是马（指鹿为马），如果秦二世说是马，自己就故意说是鹿（指马为鹿）。这样就可以借此机会来观察群臣的态度，然后再找机会把那些与自己政见不一致的大臣排挤出去。最后狡猾的赵高得逞了，一手掌握了整个秦廷，鹿蜀却在无意中做了赵高的帮凶。由此可见，在秦朝，也就是公元前三世纪，鹿蜀已经很罕见了。

【图三】清·四川成或因绘图本

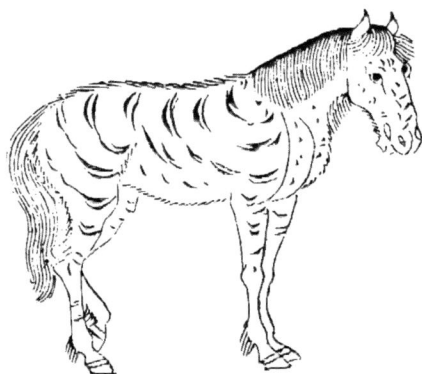

【图四】明·胡文焕图本

类——犬戎亲戚

《南山经》 有兽焉，其状如狸而有髦（máo），其名曰类，自为牝牡（pìn mǔ），食者不妒。

【图一】日本图本

类的传说

　　枉阳山再往东七百里，有座亶爰（dǎn yuán）山。亶爰山地势非常险峻，山间有很多湍急的溪流，山上怪石嶙峋[1]，草木很难生长，人类更是很难攀登上去。这样的山上自然少不了野兽横行，山上有一种野兽叫作类。类的形貌很像野猫，却有一头长长的鬃（zōng）毛垂下来，而且其与狮子、马、野猪的鬃毛是不一样的，非常像人类的头发。

　　类最神奇的地方在于它不分男女，没有性别的差异。有人说，类与一种神兽盘瓠（hù）是有亲缘关系的。盘瓠是帝喾[2]时期的一只神犬，据说是帝喾的皇后耳朵疼，请太医治疗。太医从其耳朵里挑出一个茧。皇后很奇怪，就把这个茧收起来了。过了不久从这个茧中孵化出了一只小狗，浑身锦绣，色彩斑斓，十分漂亮，皇后就把它养在宫里，取名叫盘瓠。后来吴戎部落侵略，因为他们的首领非常厉害，帝喾就发出悬赏：谁杀死吴戎首领，就赏赐黄金千两，并赐公主为妻。谁知过了几天，盘瓠衔来了吴戎首领的头，于是盘瓠娶了公主为妻，他们的后代就是犬戎的祖先。盘瓠与公主结合，不仅生下了犬戎的祖先，还生出一种异兽，后来这些兽跑到山中，逐渐成了真正的野兽。这些野兽有可能就是类，或者是类的祖先。

注释：

① 嶙峋（lín xún）：形容山势峻峭、重叠、突兀的样子。

② 帝喾（kù）：黄帝曾孙，颛顼之子。

【图二】清·汪绂山海经存本

【图三】明·胡文焕图本

【图四】清·四川成或因绘图本

猼訑——九尾四耳羊

《南山经》 有兽焉，其状如羊，九尾四耳，其目在背，其名曰猼訑（bó yí），佩之不畏。

【图一】清·禽虫典

猼訑的传说

亶爰山再往东三百里，就来到了基山，山上有一种野兽叫猼訑。它长得像羊，有九条尾巴和四只耳朵，眼睛却长在背上，外表很威风，特点也十分明显。通常情况下，像猼訑这样的物种，基本上都是神兽这个级别的，比如说九尾狐、夔（kuí）牛、六耳猕猴等。可唯独猼訑虽然长得很吓人，却没有神奇的能力，经常被人们捉住。据说，人们披上它的皮毛就会勇气倍增，无所畏惧。

猼訑并不强大，为什么人们披上它的皮毛就会勇气倍增呢？也许是因为猼訑长得太奇怪了：九尾四耳，背上还长着两只硕大的眼睛，披上它的皮，敌人会以为自己遇到吃人的怪兽，就吓得落荒而逃。这样披着它的皮的人，自然就觉得勇气倍增，无所畏惧了。

猼訑的皮不仅能用来吓人，还可以保暖，应该是我国古代记载最早的羊皮袄。关于羊皮袄，还有一个很有意思的小故事。春秋时期，在外漂泊十九年的晋文公重耳终于回国当上了国君。但十九年的漂泊生涯让晋文公从养尊处优的贵公子变成了勤俭朴实的好国君。当了国君的晋文公非常不喜欢华丽的衣服。大臣们为了拍他马屁，每个人出门都穿着羊皮袄。每次开朝会的时候，就会出现这样一个场景：一群白白胖胖的老头子，穿着羊皮袄围在一起商量朝中大事。这也算是历史奇观了。

獜訑

【图二】清·汪绂山海经存本

【图三】清·吴任臣图本

【图四】清·四川成或因绘图本

九尾狐 ——亦正亦邪

《南山经》　有兽焉，其状如狐而九尾，其音如婴儿，能食人，食者不蛊（gǔ）。

《海外东经》　青丘国在其北，其人食五谷，衣丝帛。其狐四足九尾。

《大荒东经》　有青丘之国。有狐，九尾。

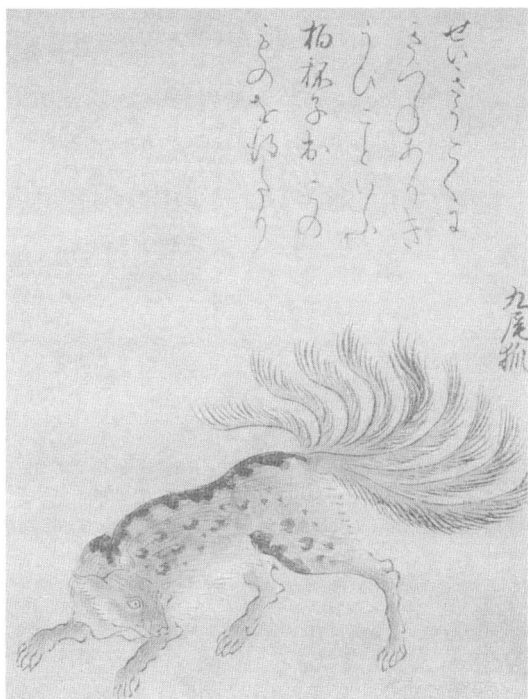

【图一】日本图本

九尾狐的传说

从基山再往东三百里，就来到青丘山。青丘山，是大名鼎鼎的九尾狐居住的地方。九尾狐和狐狸很像，不同的是它长了九条尾巴。九尾狐的叫声如同婴儿一般，但性格却很凶猛，能吞食人。九尾狐在与人类的搏斗中也不总是占据上风。有时候人们会冒着被吃的风险去捉九尾狐，因为九尾狐的肉具有非常好的解毒功能，据说吃了它的肉，就不会再中妖邪毒气。

九尾狐虽然性格凶猛，还会吃人，但有时候却成为一种瑞兽，是国家祥瑞和子孙昌盛的象征，常与玉兔、金蟾（chán）一起站在西王母之侧。这是由于九尾狐亦正亦邪，如果是在好年景，九尾狐就不吃人，而是预示祥瑞；如果遭遇灾年乱世，九尾狐就趁乱偷偷地吃人。

据说九尾狐还是夏朝帝王大禹的媒人。大禹为了专心治水，直到三十岁时，还没有娶妻。有一次，他途径涂山，就想起涂山当地流传的一首歌谣，其中有两句是这样唱的：谁见了九尾白狐，谁就可以称王；谁见了涂山的女儿，谁就可以家道兴旺。大禹刚生出这个念头，便有一只九尾狐走到大禹面前。大禹便高兴地说："我果然要在这里娶妻了。"

涂山有位姑娘叫女娇，长得眉清目秀，又温柔贤淑。大禹一眼便喜欢上她了，就娶了女娇为妻。

【图二】明·胡文焕图本

【图三】清·四川成或因绘图本

【图四】明·蒋应镐绘图本

狸力 —— 挖洞高手

《南山经》　　有兽焉，其状如豚[1]，有距[2]，其音如狗吠，其名曰狸
力，见则其县多土功。

【图一】清·禽虫典

注释：

① 豚（tún）：古代指小猪。亦泛指猪。

② 距：这里指鸡爪。

狸力的传说

南方第二列山系的首座山是最西边的柜山，柜山很高，从山顶向北可以望见诸毗（pí）山，向东可以望见长右山。山中有一种野兽，形貌像普通的小猪，但却长着两只鸡爪，叫起来像狗，名字叫作狸力。

在《山海经》的众多怪兽中，狸力不算出名，它样子很普通，性情也不是很凶残。狸力有一只猪鼻子，一双鸡爪子，猪鼻子善于拱土，鸡爪子善于刨土，因此掌握了这两种能力的狸力十分善于挖掘。据说哪个地方出现狸力，哪里就一定会有繁多的土木工程。

其实，《山海经》里描述的狸力，有点像是穿山甲。在中国的神话传说里，有一位神是以穿山甲为原型的，它就是土行孙。土行孙是玉虚十二仙之一惧留孙的大弟子，身材矮小，善使一根铁棍，以遁（dùn）地术称雄一时，据说他的遁地术可以日行千里。土行孙原本是商汤纣王麾下的先锋官，后来归顺了西岐，凭着精通遁地术立下了很多战功。

周朝建立以后，姜子牙封神，把土行孙封为土府星神，也算是一个可以发挥其特长的好职位。

【图二】清·汪绂山海经存本

【图三】清·四川成或因绘图本

长右 —— 作乱水怪

《南山经》　有兽焉，其状如禺而四耳，其名长右，其音如吟，见则郡
县大水。

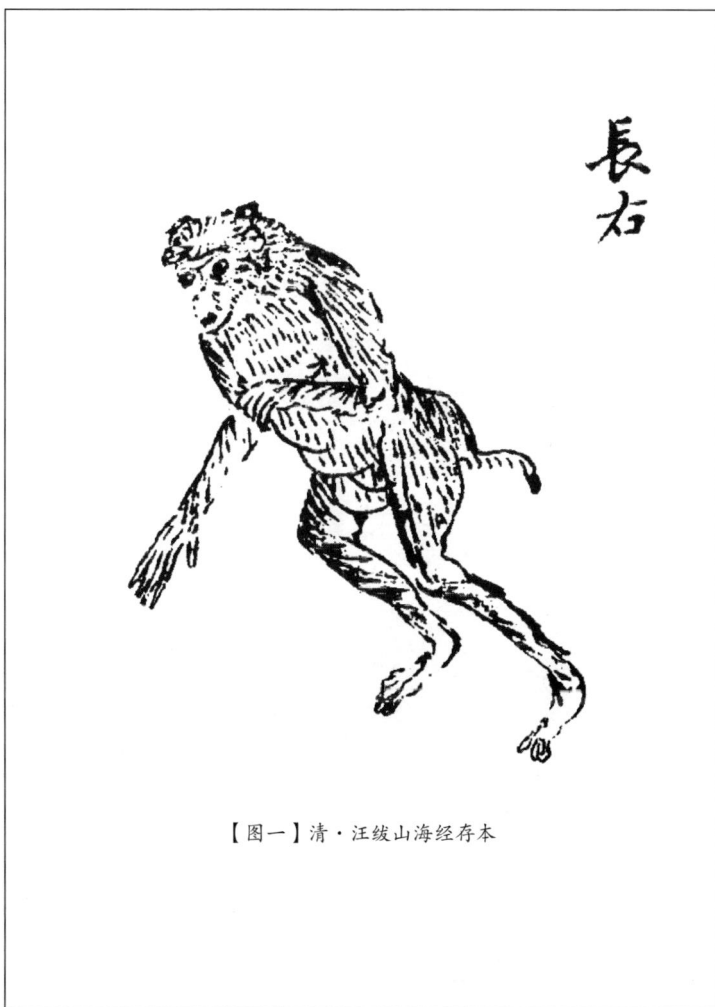

【图一】清·汪绂山海经存本

长右的传说

柜山东南边的四百五十里远，有一座长右山。因为山中栖息着一种叫长右的野兽，此山因此而得名。长右形貌像猿猴，却长着四只耳朵，它的叫声就像人在呻吟。传说见到长右就会发大水。有人曾在山中看见过长右，并且听到过它的啼叫，结果当地出现了百年不遇的大水灾。第二年当地又出现了长右，结果发生了更大的水灾。

传说长右与被大禹制服的异兽无支祈①有亲缘关系。在尧帝时天下洪水泛滥，各种食人的猛兽就趁机出来作乱，其中有个叫无支祈的怪兽，在淮河流域兴风作浪。大禹到各处治水，曾经三次来到淮水边上的桐柏山。但每次到此地时，总是电闪雷鸣，狂风怒号，石头树木乱飞，没办法治水。大禹就推测可能有妖物作怪，于是号召天下群神，齐心协力来捉拿鬼怪。于是，大禹和众神狂章、虞（yú）余、黄魔、庚辰、童律等在淮水和涡水之间，捉到了罪魁祸首——无支祈。无支祈能说人话，而且对答如流，样子像猿猴，白首青身，眼睛里闪耀着金光，力气大过九头大象，脖子拉长能有三十多米长。大禹用大铁链锁住无支祈的脖颈，将其鼻孔里穿上金铃，然后把它镇压在龟山脚下。从此，大禹的治水工作才得以顺利进行，淮水从此也平安流入大海。

注释：

① 无支祈（qí）：传说中淮水的水神。

長右 狀如禺而四目見
則大水出長右山

長右四耳厥狀
如猴贄為水祥
見則橫流麤虎
其身厥尾如牛

【图二】上海锦章图本

猾褢——人形猪鬣

《南山经》　　有兽焉，其状如人而彘鬣①，穴居而冬蛰②，其名曰猾褢

（huái），其音如斫③木，见则县有大繇④。

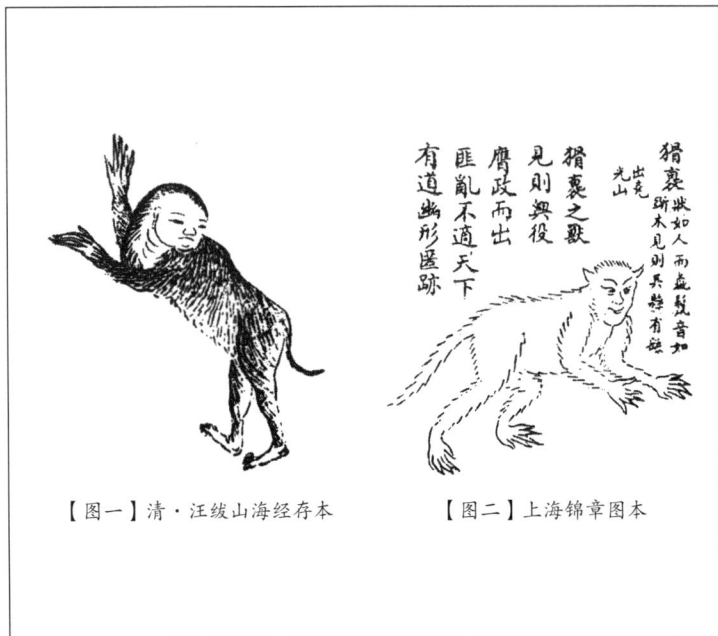

猾褢状如人而彘鬣音如
斫木见则其县有繇
出克
光山

猾褢之歌
见则兴役
庞政而出
匪乱不适天下
有道幽形匿跡

【图一】清·汪绂山海经存本　　　　【图二】上海锦章图本

注释：

① 彘鬣（zhì liè）：猪身上长着的长而刚硬的毛。彘，本意指大的猪，后
来泛指一般的猪。

② 蛰（zhé）：动物冬眠，藏起来不吃不动。

③ 斫（zhuó）：砍伐树木。

④ 繇（yáo）：通"徭"，这里指徭役。

猾裹的传说

　　离开长右山再往东走三百四十里左右，就来到了尧光山。尧光山是一座富饶的山，山南阳面多产玉石，山北阴面多产黄金。尧光山上有一种人形怪物，叫作猾裹。猾裹的外形与人比较像，但全身长满猪鬃一样的硬毛，叫声如同砍伐木头的响声。猾裹这种人形怪物还有冬眠的习惯，一到冬天就蛰伏在洞穴中，只有到了夏天才出来活动。猾裹是一种不祥之兽，据说它在哪里出现，哪里就会有繁重的徭役[①]，甚至因此发生动乱。

　　猾裹虽然外形吓人，但性情并不残暴，可依旧被人们认为是不祥之兽。据史料记载，在周朝时期就已经有了徭役，延续了几千年，直到明朝中期才废除。有的朝代，徭役非常繁重，百姓不堪其苦。比如秦朝人民的徭役就很繁重，每人每年要有一个月的时间为政府干活，如修筑城池、修建驰道、整治河渠、漕运船输等。此外，每个人一生还要服两年兵役，再加上一年的时间驻守边疆等。这些繁重的徭役导致民不聊生，比如秦末农民起义的领袖陈胜、吴广就是在去服徭役的路上造反的，比如孟姜女的丈夫，就是去服徭役修长城的时候死去的。因此，人们对于繁重的徭役深恶痛绝，同时会带来繁重徭役的猾裹自然就成了不祥之兽了。

注释：

① 徭役（yáo yì）：古代统治者强制人民承担的无偿劳动。

【图三】清·四川成或因绘图本

有道曲形匿迹
跎乱不遍天下
與役齊故而出
偶襄不身見則

猩襄其如大圆景贾青神貌不
茁鼻荆英骍有衔出比亢出

【图四】清·毕沅图注原本

蠪——牛尾虎

《南山经》　有兽焉，其状如虎而牛尾，其音如吠①犬，其名曰蠪，是
食人。

【图一】日本图本

注释：

① 吠（fèi）：（狗的）叫声。

彘的传说

从浮玉山的山顶往北望，可以看见具区。具区就是现在的太湖，浮玉山就是如今大名鼎鼎的天目山。太湖的古称为具区，也叫震泽。一万年前太湖还是一个海湾，六千年前陆地抬升，导致其与大海隔绝，才形成了一个湖。但那时候的太湖还比较小，仅为现在的一半大。后来到了尧帝时候，太湖地区洪水泛滥，于是大禹来到这里治水，开凿了太湖连通松江、钱塘江、浦阳江的通道，让太湖不再发水患。

浮玉山中有一种野兽，形貌像老虎，却长着牛的尾巴，发出的叫声如同狗叫，名字叫作彘。它是一种吃人异兽。

彘和长右一样，也是水灾的象征，出现在哪里，哪里就是一片汪洋。但彘并不是水灾的制造者，也就是说它和水神共工不一样，没有兴风作浪制造水灾的神力，只是有一点预知能力，能知道哪里将发生水灾，因为它们喜欢水，就会预先到那里玩闹戏水。因此人们就责怪彘，认为它是带来水灾的不祥之兽。但实际上，把水灾降临到凡间的，大多是那些地位崇高的神。

【图二】明·胡文焕图本

【图三】明·蒋应镐绘图本

羬——不死羊

《南山经》　　　有兽焉，其状如羊而无口，不可杀也，其名曰羬（huàn）。

【图一】日本图本

羬的传说

咸阳山往东四百里，是洵（xún）山。洵山也很富饶，山上向阳的南坡遍布着黄金，背阴的北坡遍布着玉石。洵山里有一种野兽，形貌和普通的羊一样，但却没有嘴巴，不吃不喝也能生活下去，这种异兽的名字叫羬。

羬能够不吃不喝的，听起来似乎是一种很厉害的异兽。通常，真的能够做到不吃不喝的，往往都是很高级的神兽。因为具备这种能力的，一般都是地位很高的神，比如貔貅[1]，它"只吃不拉"，它的主食是金银财宝，但它有嘴无肛，所以只进不出，因此大家都喜欢用它来招财聚宝。虽然羬能够不吃不喝，可是关于它的战斗力，并没有太多详细的描述，而且它既不是吉兽，也不是恶兽，只不过是一种无害的异兽。还有一种说法，认为羬并非没有伤人的能力，而是心怀慈悲，不愿意伤人，是一种能够长生不死的仁兽。

注释：

[1] 貔貅（pí xiū）：是古代民间传说中一种凶猛的瑞兽。为古代五大瑞兽之一，称为招财神兽。

【图二】明·胡文焕图本

【图三】明·蒋应镐绘图本

其状如羊而无齿
有翼无口其名
曰患害气不入
厥体无间至理
之妙出乎自然

【图四】清·毕沅图注原本

羝

【图五】清·汪绂山海经存本

蛊雕——插翅独角虎

《南山经》　　水有兽焉，名曰蛊雕（gǔ diāo），其状如雕而有角，

其音如婴儿，是食人。

【图一】明·胡文焕图本

蛊雕的传说

洵山东边一千四百里，就是鹿吴山。泽更水从这座山发源，然后向南流入滂（pāng）水。泽更水中生活着一种十分凶猛的吃人野兽，叫作蛊雕。蛊雕的形貌有些像普通的雕鹰，不过头上多了一只角。也有一些古本将蛊雕描述为豹的样子，但长着鸟喙[①]，头上有角。蛊雕虽然长得像雕，且名字带有雕字，但它却不是鸟类，而是兽类，就跟蝙蝠一样，是有翅能飞的野兽。蛊雕多才多艺，既可以在水中游，也可以飞上天，还可以在陆上走，是正儿八经的水陆空三栖异兽。

蛊雕性情非常凶猛，是一种吃人的异兽，它的体型非常大，大嘴一次可以吞下一个人。而且由于它能飞能游能跑，人们只要一遇到蛊雕，基本上很难逃脱被当作食物的命运。幸好，蛊雕很懒，吃饱了就去睡觉，如果不是饿得不行了，它们是懒得出去觅食的。蛊雕可以说是《山海经》里最懒的异兽了。蛊雕每隔十年，才会醒来一次觅食，然后再睡觉。每次进食，蛊雕大多选择去吃人。因此，人们也就可以根据它的生活规律而避开它，不会时时刻刻都生活在恐惧中了。

蛊雕在很早以前，是生活在鹿吴山下的泽更水里的。后来因为在水里睡觉不太方便，蛊雕就寻找了一处叫作黎云荒原的地方，在那里找了一个清静的山洞来睡觉。

注释：

① 喙（huì）：嘴，特指鸟兽的嘴。

【图二】清·吴任臣图本

【图三】清·汪绂山海经存本

羬羊——马尾羊

《西山经》 有兽焉，其状如羊而马尾，名曰羬（xián）羊，其脂可以已腊。

【图一】明·胡文焕图本

羬羊的传说

西方华山山系的第一座山，叫作钱来山。山上松林密布，山中有一种野兽，叫作羬羊。这种异兽形貌跟羊很像，但尾巴像马。这种羊没有什么特殊能力，只是它的油脂可以治疗皮肤干裂。其实不论是哪种油脂，都对皮肤有治疗作用。其中，绵羊油效果最好。羬羊也是羊的一种，说不定还是一种绵羊，所以它的油脂可以治疗皮肤干裂也就不足为奇了。

羬羊既没有凶悍的性情，也不是某种吉凶的征兆，只是长得比较奇怪而已。这种羊可能是历史上真实存在过的一种羊，西晋时期著名的《山海经》研究专家郭璞对此是这样描述的：古代的大月氏国有一种大羊，形体好像是驴，而长着马一样的尾巴。这种大羊，身长六尺，名叫羬羊，它的尾巴吃起来非常鲜美。也有人说，其实羬羊就是现在的盘羊。盘羊又叫作大角羊、亚洲巨野羊等，体型非常大，肩高能达到一米多，体重可以达到两百千克，几乎有一头驴那么大了，可以说是羊中的大个子。

还有一种说法，认为羬羊是羊力大仙的后裔。在1986版的电视剧《西游记》中，羊力大仙与两位师兄虎力大仙、鹿力大仙一起，在车迟国当国师。羊力大仙不但是有正经工作的妖怪，而且是有文化、有素质的妖怪，根本没想着吃唐僧肉，而是要凭真本事与唐僧师徒比试求雨、坐禅、隔板猜物、砍头等功力。最后孙悟空还是通过火眼金睛才赢过他的。

羬羊

【图二】清·汪绂山海经存本

【图三】清·郝懿行图本

葱聋——红须羊

《西山经》 其兽多葱聋，其状如羊而赤鬣。

【图一】日本图本

葱聋的传说

从小华山往西八十里，有座符禺山。山上栖息着一种名叫葱聋的动物，它的形貌像羊，但长着红色的胡须。

羊最早是由西亚地区的民族驯化的，在伊朗西南部地区，时间大概是迄今一万年前。到了六七千年前的时候，羊逐渐传入中国，并被中国境内的游牧民族羌族所接受。一开始是在西边的甘肃、青海地区，后来逐渐扩散到全国境内。

羌族是一个非常古老的游牧民族，甲骨文中有一个，也是唯一一个关于民族（或氏族、部落）称号的字，即"羌"字，是中国人类族号最早的记载。"羌"字的意思是西边的牧羊人，有了羊，才有了逐水草而居的游牧民族。羌人以羊皮、纺毛为衣，以羊肉、羊油、羊血为主要食品，以自然脱水的羊粪作为冬春季节取暖的来源，并视羊为连接人、神、鬼三界的信使，有很多关于羊的图腾与传说。人们在与羌族的接触中，或者说是在各民族相互融合的过程中，羌族对羊的崇拜也传给了华夏人。

上文所说的羬羊与这里的葱聋虽然都是有异相的羊，但是性格很温顺，不会对人类造成威胁。因此，哪怕它们是异兽，也是不吃人的异兽，而是可以被人吃的异兽。

【图二】明·胡文焕图本

豪彘——多刺猪

《西山经》　有兽焉，其状如豚而白毛，大如笄①而黑端，名曰豪彘。

【图一】明·蒋应镐绘图本

【图二】清·汪绂山海经存本

注释：

① 笄（jī）：古代的一种簪子，用来插住挽起的头发，或插住帽子。

豪彘的传说

英山向西五十二里的地方，有一座竹山。山上长着一种草，形状像臭椿树，叶子像麻叶，白花红实，果实的形状很像一种矿石，将它浸在水里洗澡，可以治疗疥疮，也可以治疗浮肿病。

竹山中生活着一种野兽，其形貌像小猪，长着白色的毛，毛如筷子粗细，其尖端呈黑色，名字叫作豪彘。豪彘其实就是现在的豪猪。豪彘经常二三百头集结在一起，成群结队地去偷吃庄稼，给周围人们的生活带来了很大的困扰。在受到驱赶或追捕时，豪彘会使劲鼓气，用自己身上又尖又长的刺去刺伤猎食者，从而救自己一命。遇到猎食者时，它们会将身体背对猎食者，因为身后的刺更长。需要反击的时候，先后退，再用力扑向敌人并将刺插入其身体。

不过有意思的是，豪彘的刺虽然能保护自己，却也给自己的生活带来诸多不便。据说天气寒冷时，豪彘们便聚在一起，它们拼命地拥挤着、紧挨着，以相互取暖。但由于每头豪彘身上都长满了尖刺，挤得太紧，它们就会痛得嚎叫起来，于是，豪彘们又相互闪躲，本能地拉开距离。但过不了多久，它们又禁不住寒冷的侵袭，不由得又挤挨在一起了，然后疼痛又将它们分开，于是就这样的分分合合，合合分分，到最后也不得停歇。

毫
猪

【图三】明·胡文焕图本

【图四】清·吴任臣图本

嚣——善投猴

《西山经》　　　　有兽焉，其状如禺而长臂，善投，其名曰嚣。

【图一】清·禽虫典

046

嚣的传说

浮山再往西七十里，是㸆（yú）次山。山中有一种野兽，形貌像猿猴而双臂很长，擅长投掷，名称是嚣，也有人把这种野兽叫作猕猴。

我国境内最多见的猴类就是猕猴，几乎百分之六十的省份都有猕猴繁衍。猕猴屁股没有毛而尾巴较短，能立起来行走。在神话传说中，有一个特别出名的猕猴叫作六耳猕猴。在《西游记》中，如来曾说六耳猕猴"善聆音，能察理，知前后，万物皆明"。六耳猕猴神通广大，一身本领比起石猴孙悟空也不逊色分毫。而且精通变化之道，它变成孙悟空的样子，就连观音、照妖镜、谛听①都分不出真假。

六耳猕猴也是唐僧在西天取经路上的阻碍之一，但是六耳猕猴跟一般的妖怪不一样，它没打算吃唐僧肉求长生不老，因为它本身已经长生不老了，它想抢走取经行李，然后代替唐僧去西天取经，以此修成正果。对于它这种行为，孙悟空当然不肯饶恕，于是两个神猴好一场恶斗，斗得惊天动地，从花果山一直打到南海观音那里，后又打到凌霄宝殿玉皇大帝那里，还打到九泉之下阎王爷那里，也没分出胜负。最后，六耳猕猴是被如来佛祖说破原身，才被孙悟空一棍打死。

注释：

① 谛听：传说是地藏菩萨的坐骑，可以通过听来辨认世间万物，尤其善于听人的心。

【图二】明·胡文焕图本

【图三】清·汪绂山海经存本

【图四】日本图本

谿 边 —— 辟邪犬

《西山经》　　有兽焉，其状如狗，名曰谿（xī）边，席其皮者不蛊。

【图】清·禽虫典

谿边的传说

天帝山有一种野兽，形貌像普通的狗，还会爬树，名字叫作谿边。人们用它的皮做的席子、坐垫可用来辟蛊。这里的蛊不仅指腹中虫或者毒虫，也指妖邪毒气、妖魔鬼怪。

谿边的皮具有辟邪的功能，因此遭到人们大量的捕杀。到了后来，谿边几乎要灭绝了，更别说捕捉它祭祀辟邪了。于是人们就用狗来冒充谿边。尤其是黑狗血成了后世道士作法驱邪的标配。

那么，从什么时候起开始用狗血来辟邪的呢？史籍记载最早是在春秋早期。公元前七世纪，春秋时期的秦国有个君主叫作秦德公，是大名鼎鼎的秦穆公的父亲，他在位期间做了一件大事，就是把首都从偏僻的平阳迁到雍城（今陕西凤翔）。雍城是秦国非常重要的城市，是秦国将近三百年的都城。虽然后来秦国迁都到了咸阳，雍城失去了政治中心的地位，但作为故都，雍城是秦人列祖列宗的陵寝及宗庙所在地，许多重要祀典还在此举行。比如秦始皇的冠礼就是在这里举行的。秦德公迁都到雍城后的第一件事，就是用牛、羊、猪各三百头来祭祀天地，是为了占卜居住在雍城是否适宜。占卜的结果是：后代子孙将在黄河边饮马。秦德公大喜，于是决定在此定都。

在此定都的第二年，秦德公设立了伏祭，也就是在进入头伏天时，在都城四门杀狗祭祀，借此来祛除传播疾病的暑气。由此可见，在春秋时期，谿边由于被人们捕杀，已经很少见了，即使是国君要做祭祀，也需要用狗来代替。

孾如——四角鹿

《西山经》　　有兽焉，其状如鹿而白尾，马足人手而四角，名曰孾（yīng）如。

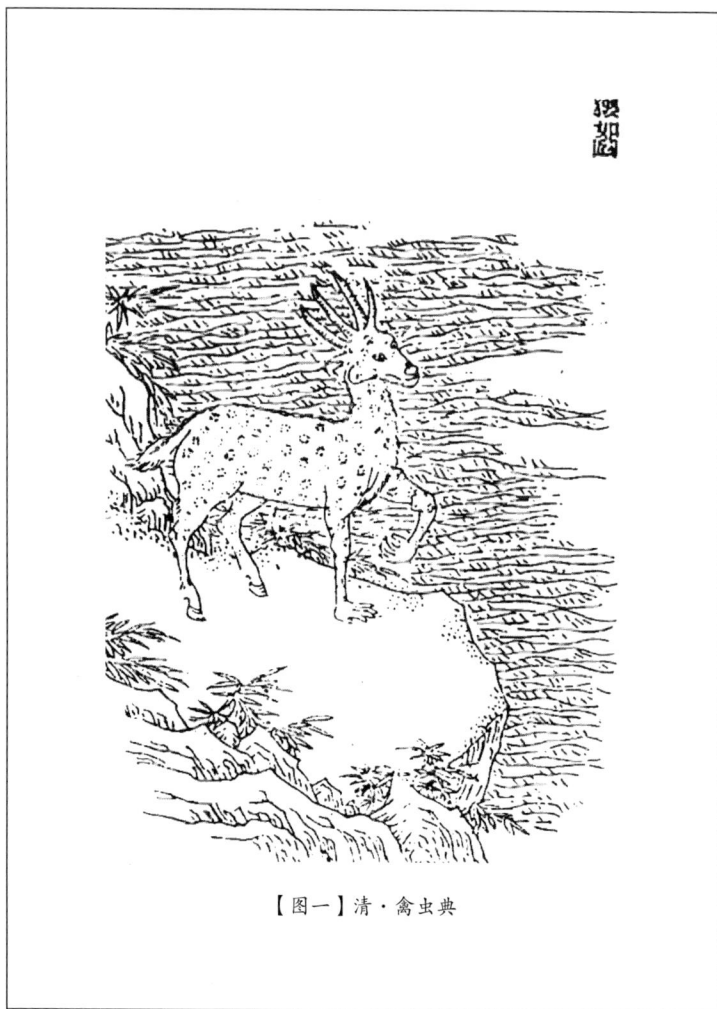

【图一】清·禽虫典

夔如的传说

从天帝山往西南三百八十里便是皋（gāo）涂山。山中有一种白色的石头，可以用来毒死老鼠。山中又有一种草，叶子像冬葵的叶子，而背面是红色的，也可以用来毒死老鼠。如此看来，皋涂山可算是老鼠的绝地。

皋涂山上还有一种野兽，名字叫夔如。夔如是皋涂山特有的野兽，其形貌非常奇特，集鹿、马、人的特点于一身，身体像普通的鹿，却长着白色的尾巴，两只后腿像马，两只前腿像人手，还长有四只角。据说夔如很擅长爬树和登山，大概是由于它亦手亦蹄的怪脚吧。

夔如和传说中的"四不像"有些渊源。相传姜子牙就骑着一头"四不像"，像鹿又不是鹿，像马又不是马。其实"四不像"就是麋（mí）鹿。由于麋鹿长相非常特殊，它的犄角像鹿，面部像马，蹄子像牛，尾巴像驴，但整体看上去却似鹿非鹿，似马非马，似牛非牛，似驴非驴，故有"四不像"之称。"四不像"在古代神话里的地位很高，通常被认为是与麒麟（qí lín）一样的神兽，代表吉祥。与"四不像"相比，夔如只是"三不像"，相应的地位也就没有"四不像"那么高了，也不是吉祥的征兆，只是一种不与老鼠为伍的普通野兽。

【图二】明·胡文焕图本

㺌
如

【图三】清·汪绂山海经存本

辇——大眼牛

《西山经》　　有兽焉，其状如牛，而苍黑大目，其名曰辇（mǐn）。

【图一】清·汪绂山海经存本

犂的传说

从皋涂山再往西一百八十里，就到了黄山。黄山上几乎没有其他花草树木，到处是郁郁葱葱的竹丛。山中有一种野兽，形貌像普通的牛，但其呈黝黑色，眼睛比一般的牛要大，名叫犂。

牛在中国古代是一种珍贵的家畜，被人们所珍视，因此有很多关于牛的神话传说。《封神演义》里武成王黄飞虎骑着的五色神牛就是其中一种。

黄飞虎本身只是一个普通的习武之人，是没有法力神通的，但他的坐骑五色神牛却不简单，在《封神演义》中是排名十分靠前的坐骑。据说这头神牛可以日行八百里，在战场上和各种神兽比拼皆不落下风。黄飞虎本是商纣王的臣子，谁知道纣王竟然对黄飞虎的妻子贾氏起了不轨之心。贾氏为了不受污辱，就自杀身亡。这个消息成了黄飞虎反纣王的导火索，于是他率一千家将，以及两个弟弟黄飞彪、黄飞豹，三个儿子黄天禄、黄天爵、黄天祥，四个家将黄明、周纪、龙环、吴谦，骑着神牛杀出朝歌投奔了西岐。在西岐，黄飞虎被封为开国武成王，一起讨伐纣王。后来，黄飞虎被申公豹偷袭，一剑穿胸而亡。封神的时候，他被封为东岳泰天齐仁圣大帝，掌管凡间的吉凶祸福。

【图二】明·蒋应镐绘图本

【图三】清·四川成或因绘图本

朱厌——兆兵凶兽

《西山经》　　　有兽焉，其状如猿，而白首赤足，名曰朱厌，见则大兵。

【图一】明·蒋应镐绘图本

朱厌的传说

从鸟危山向西四百里有个地方，叫作小次山。山中有一种野兽，叫作朱厌。朱厌是一种恶兽，看起来非常像猴子，但是全身毛发鲜红如火，唯有头部是白色的，其双臂强健有力，擅长在林中奔走。在森林里，朱厌的奔跑速度堪称举世无双，加上它那敏捷的身手，可以说是森林里的一方霸主。

朱厌的出现还是战乱的征兆。传说这种恶兽一出现在某地，该地方就会发生大的战乱。

据说在很久以前，有两个大国相互敌对，经常发生战争，导致两国的损失都很大，于是两个国家都有意讲和，只是需要一个合适的契机。正好其中一国捕捉到了一只奇怪的猿猴，这只猿猴不但长得威武雄壮，而且聪明伶俐。君王知道对方国君喜欢猿猴，于是将这只猿猴作为礼物送了出去，来表达自己的善意。另一国的国君见这只猿猴颇有灵性，很是喜欢，便寄养在皇宫。两国的关系也因此得到了缓和。

谁知有一天，皇后突然遇害，而锁在笼子里的猿猴也消失得无影无踪。国君大怒，认为是这只猿猴干的。国君认为对方国君不安好心，把恶兽送给自己是为了诅咒自己的国家，一怒之下就率兵去攻打对方。于是两国的战乱非但没有消弭（mǐ），反而越打越凶。后来仔细追查，才知道这只猿猴就是传说中的恶兽朱厌。经过这件事之后，朱厌会带来战乱的说法便流传开来。

【图二】清·汪绂山海经存本

举父——文臂猿

《西山经》　　有兽焉，其状如禺而文臂，豹虎而善投，名曰举父。

【图一】明·蒋应镐绘图本

举父的传说

西方第三列山系开头的一座山，叫作崇吾山。山中生活着一种野兽，形貌像猿猴，胳膊上长有斑纹，长着豹子一样的尾巴。它有抚摸自己头的习惯，能举起石头砸人，所以名为举父。

据说举父跟巨人夸父族有关系。相传在远古时期，在北方的荒野中，有座巍峨雄伟、高耸入云的高山，叫作成都载天。在山林深处，生活着一群力大无比的巨人，他们是大神后土的子孙，名字叫作夸父。夸父族的族人身强力壮，高大魁梧，耳朵上挂两条黄蛇，手里握两条黄蛇，形状很威武，可他们的性情却温厚纯良、勤劳勇敢。夸父族一直跟蚩（chī）尤部落比较亲近，后来蚩尤部落与黄帝部落作战，邀请夸父族来助阵。讲义气的夸父族人就跟随蚩尤部落，一起对抗黄帝部落。

最后的结果是蚩尤失败被杀，夸父族人由于追随蚩尤与黄帝为敌，也要被惩罚卖做奴隶。于是有很多不愿意做奴隶的夸父族人就逃进深山里。住在深山里的夸父族人由于不敢与外面接触，时间久了他们的语言也没人能够听得懂了；他们也没有衣服穿，只是裹一些兽皮，所以胳膊上会有野兽一样的花纹；由于很害怕被抓回去当奴隶，所以他们见了人就向其投掷石头。后来，人们也不再认为他们是人，而只是一种叫举父的野兽而已。

【图二】清·汪绂山海经存本

举父状如禺文臂善投出崇吾山

【图三】上海锦章图本

土 蝼 ——四角羊

《西山经》　　有兽焉，其状如羊而四角，名曰土蝼（lóu），是食人。

【图一】清·禽虫典

土蝼的传说

昆仑山是海内最高的山，也是天帝在下界的城池，陆吾是掌管昆仑山的大神。陆吾有一个忠心的下属，就是土蝼，也住在昆仑山。土蝼的形貌像普通的羊，却长着四只角，而且是吃人的怪兽。土蝼的角十分锋利，可以说是无坚不摧。土蝼作为陆吾的得力下属，协助管理昆仑山，自然需要一些威慑力，才能履行好自己的职责。

土蝼曾经和陆吾一起，接待过周穆王。我们知道，周穆王是周朝第五代王，是周朝历史上最富于神话色彩的君王。传说周穆王活了一百多岁，五十岁才当上国君，不久之后就很热闹地举行了一回"西游"。他坐着八匹骏马拉的车，一日能行三万里。为他驾车的是当时有名的驭手造父。

周穆王到了昆仑山，见到西王母，两人惺惺相惜。西王母在美丽的瑶池设宴招待了周穆王。待酒毕人散，西王母问："你什么时候还来看我？"周穆王耍了滑头，回答说："我要是能抽出时间，就三年后再来。三年后要是来不了，你就别等了。"对于这个回答，西王母当然不满意："我在这里过得也很好，你要是没时间就不要来了，别耽误了你的职责。"幸好周穆王没有留下，否则土蝼和陆吾说不定会失业呢。

【图二】明·蒋应镐绘图本

狡——牛角犬

《西山经》　有兽焉，其状如犬而豹文，其角如牛，其名曰狡，其音如吠犬，见则其国大穰①。

【图一】明·胡文焕图本

注释：

① 穰（rǎng）：庄稼丰收的意思。

狡的传说

相传西王母的住所并不在昆仑山，而是在玉山。西王母平时就在玉山吃饭睡觉，休闲娱乐，只有处理公务的时候才去昆仑山。在玉山上，西王母还养了一只宠物，叫作狡。狡的形貌很像狗，但西王母养的可不是普通的狗，而是一种瑞兽，据说它在哪个地方出现，哪个地方就会五谷丰登。这可能是因为狡总是跟着西王母出巡，狡去过的地方，便是西王母所到之处。西王母让某地五谷丰登，人们却把功劳归功于狡。因此，狡就成了人们心中的瑞兽。

西王母有这么大的名头，有一个很重要的原因是她掌管着长生不老的药。拥有了长生不老药就相当于预订了神仙的名额。因此吃了长生不老药，就能长生不死，就能做神仙。后羿射掉了多余的九个太阳无法上天之后，就去找西王母，向她求仙药。西王母看在旧日同僚的情分上，就给了后羿两颗仙药。后羿带回家后，仙药却被妻子嫦娥给偷吃了。于是嫦娥就飞上天，从此月宫多了一个仙子。

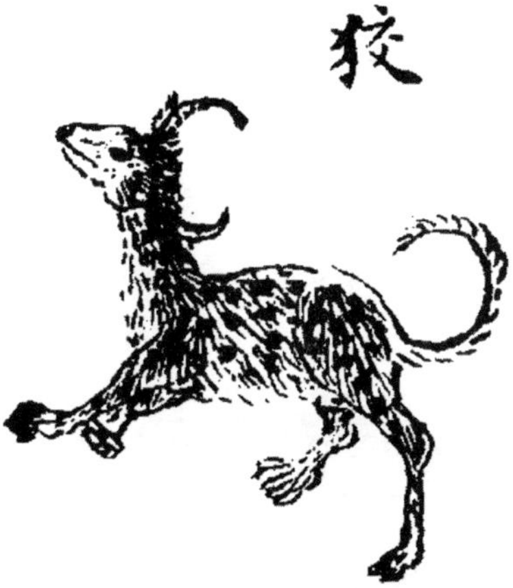

【图二】清·汪绂山海经存本

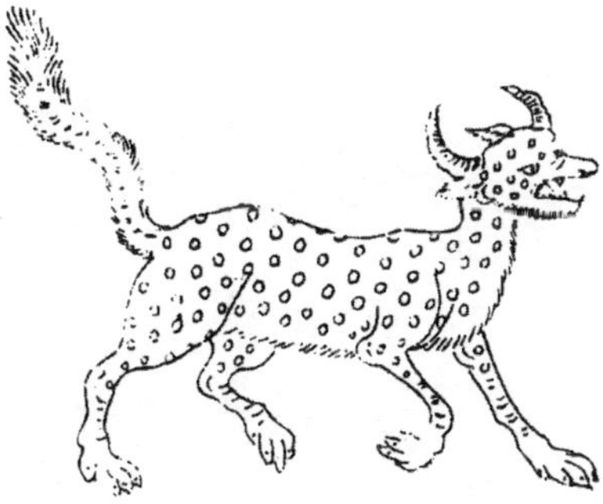

【图三】清·禽虫典

狰——五尾独角豹

《西山经》 有兽焉，其状如赤豹，五尾一角，其音如击石，其名
曰狰（zhēng）。

【图一】日本图本

狰的传说

从长留山再向西二百八十里的地方，有座章莪（é）山。山上草木不生，却遍布着很多玉石。山中有一种名叫狰的兽，形貌似红色的豹，五条尾巴，头上长着一只角，叫声像敲击石头发出的"狰狰"声，所以叫作狰。

章莪山是一处著名的险地，倒不是因为山势险峻，而是因为山里有两种特别厉害的兽，一种是神鸟毕方，曾经帮助黄帝打败蚩尤；另一种就是以虎豹为食的狰。狰看起来很像豹，但比豹多了一只角，还长着五条尾巴，相应的性情也残暴许多，专门吃老虎和豹子。

还有一种说法，认为狰和狞、猖、獗（jué）、狡是神兽白虎的五个后代。白虎是中国神话中很厉害的神兽之一，可以与青龙相提并论。白虎是百兽之长，擅长降服鬼物。白虎还是神话中的战神、杀伐之神，具有避邪、清灾、祈福等能力。白虎的这五个后代，却都没有走上正途，没做出点让人称颂的事，都成了吓人的怪兽。其中狰和狞长相最凶恶，光看它们的样子就能把人吓哭；猖、獗是个性比较张扬的，特别高调；狡的性情则比较阴险毒辣。

【图二】清·汪绂山海经存本

【图三】清·吴任臣图本

狰

【图四】明·胡文焕图本

【图五】明·蒋应镐绘图本

天狗——后羿猎犬

《西山经》　　有兽焉，其状如狸而白首，名曰天狗，其音如榴榴[①]，可以御凶。

【图一】日本图本

注释：

① 榴（liú）榴：象声词，声音同"喵喵"。

天狗的传说

从章莪山往西三百里就是阴山。山中栖息着一种野兽，形貌像狸猫，白色的脑袋，常发出"喵喵"的叫声。这种野兽的样子像野猫，叫声也像猫，但名字偏偏叫作天狗。

天狗是神话传说中天上神犬的统称，二郎神杨戬（jiǎn）的哮天犬就属于天狗。这只哮天犬非常凶猛，好多大名鼎鼎的人物都被它咬过，其中较有名的有财神赵公明、拥有混元金斗的碧霄仙子、嫁给土行孙的邓婵玉、五色神光无物不刷的孔宣等。至于那些被哮天犬一口咬死的无名小辈，更是数不胜数。

还有一只有名的天狗，是后羿的猎犬。后羿在凡间娶了一个非常貌美的妻子，名叫嫦娥。后来后羿到西王母那里去求了两颗仙丹，准备与嫦娥一起升天。谁知嫦娥趁后羿出门的时候，准备把两颗仙丹都吃掉。刚吃掉一颗，就被后羿养的猎犬看见了，于是，它扑上去阻止，结果不小心吞下另一颗仙丹。嫦娥飞上天宫住进广寒宫之后，这只忠犬也一路追上去，伺机为后羿报仇，经常趁嫦娥不留神，就一口把月亮给吞下去。

天狗把月亮吞下去，算是为后羿出了一口恶气，但是凡间的百姓不乐意了，纷纷敲锣、打鼓、放鞭炮，把天狗吓得一下子又把月亮吐出来了。但天狗并没有死心，经常在月亮旁边徘徊，以伺机再次吞下月亮。这就是现在人们常说的"天狗吃月亮"，即一种叫作月食的天文观象。

【图二】明·胡文焕图本

天
狗

【图三】清·汪绂山海经存本

天狗状如狸而白首出阴山

【图四】清·吴任臣图本

【图五】明·蒋应镐绘图本

獓㺔——四角牛

《西山经》 　　其上有兽焉，其状如牛，白身四角，其豪如披蓑①，其
　　　　　　　名曰獓㺔（áo yē），是食人。

【图一】清·禽虫典

注释：

① 蓑（suō）：用草或棕毛做成的防雨器。

獙狟的传说

在我国的神话传说黄帝战蚩尤的故事中，其实是炎帝族被侵，只好向黄帝族求援，于是黄帝与炎帝联合，组成了炎黄部落，打败了以蚩尤为首的九黎部落（又称蚩尤部落）。后来，九黎的后裔三苗逐渐壮大起来，在尧帝时期又叛乱了。于是尧发兵征讨，在丹水把三苗打败，并将其发配到危险的三危山。三危山占地广阔，方圆百里，之所以比较凶险，是因为山上有一种吃人的异兽叫獙狟。

獙狟形貌像普通的牛，身子是白色的，头上长了四只角，它身上的毛又硬又长又密，就好像披着蓑衣一样。獙狟的这种形貌跟青藏高原上的白牦牛很像，唯一的区别是它长了四只角。

传说，巴颜喀拉山下有一个部落要迁徙，去寻找新的草场。当部落和牛羊快要走出一个石峡时，那些牦牛就发出非常痛苦且悲切的声音，不愿意前进。正在这时，从身后那巍峨的雪山深处出现了一头白牦牛，像雪一样洁白，十分漂亮、威武，大吼着，向石峡口奔去。顿时，其他的牦牛跟在它身后也开始前进了。当人们走出峡口时，却发现那头白牦牛正和一只黑色巨怪在搏斗，顿时沙石飞扬，天昏地暗。最后白牦牛用它的勇猛和尖利的犄（jī）角战胜了巨怪，部落才得以继续前进。这个部落最终在白牦牛的庇佑下找到了一个水草丰茂、适合休养生息的地方。这头白牦牛相传就是獙狟。

【图二】清·吴任臣图本

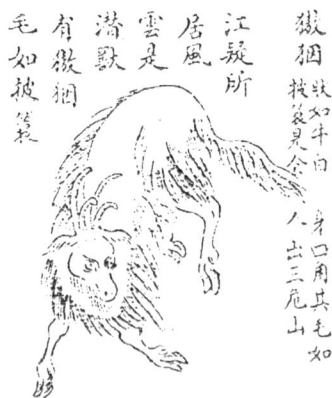

獄狃
状如牛白
尾口用其毛如
人出三危山

江疑所
居風
雲是
潛默
有獄狃
毛如披簑

【图三】上海锦章图本

狰狷

【图四】清·汪绂山海经存本

【图五】明·蒋应镐绘图本

081

讙——一目三尾狸

《西山经》　　　有兽焉，其状如狸，一目而三尾，名曰讙（huān），其音如夺百声，是可以御凶，服之已瘅[①]。

【图一】清·禽虫典

注释：

① 瘅（dān）：同"疸"，这里指黄疸病的意思。

讙的传说

翼望山上不生长花草树木，但蕴藏着丰富的金属矿物和玉石。山上有一种野兽，体型和一般的狸猫类似，却只长了一只眼睛，三条尾巴，它的名字叫讙。讙能够发出百种动物的鸣叫声，饲养它可以驱除凶邪之气。

有人说，讙其实就是一种常见的动物——獾（huān）。獾的嗅觉灵敏，毛色黑灰，体长约七八十厘米，分布在我国华东、华南、西南、华北等地。獾的种群中最具传奇色彩的是生活在非洲的蜜獾。蜜獾看起来很可爱，实际上很好斗，几乎会攻击所有物种，甚至敢挑衅豹子、狮子等大型动物，被吉尼斯世界纪录评为"最大胆的动物"。蜜獾非常喜欢吃蜂蜜，它的牙齿锋利，前爪粗硬有力，适合挖土、爬树，专门捣碎蜂巢；皮肤坚硬厚实，上面布满了长而蓬松的粗毛，不怕野蜂蜇（zhē）。但大多数时候，蜜獾都很难发现筑在高处的蜂巢，难以一饱口福。

有一种鸟叫响蜜䴕（liè），比麻雀稍微大一些，也喜欢吃蜂蜜、蜂蜡等，但却没有力气弄破蜂巢。于是响蜜䴕与蜜獾便相互合作。响蜜䴕发现树上的蜂巢时，便发出特殊信号，不停地扇动翅膀，并发出"嗒嗒"声。蜜獾得到信号后，匆匆赶往目标所在地，爬上树去，咬碎蜂巢，吃掉蜂蜜，而此时响蜜䴕则悠闲地在旁边等候。等蜜獾美餐一顿走了以后，再来独自享受被蜜獾咬碎的蜂房里的蜂蜜和蜂蜡。

【图二】清·吴任臣图本

【图三】明·蒋应镐绘图本

驳——独角兽

《西山经》　　有兽焉，其状如马，而白身黑尾，一角，虎牙爪，音如
　　　　　　　鼓，其名曰驳，是食虎豹，可以御兵。

《海外北经》　有兽焉，其名曰驳，状如白马，锯牙，食虎豹。

【图一】日本图本

驳的传说

中曲山生活着一种叫驳的异兽。驳长得像普通的马，然而身子是白色的，尾巴是黑色的，头顶长了一只角，牙齿和爪子就像老虎一样锋利，发出的声音如同击鼓声一般。它是威猛之兽，能吞食豹子和老虎，据说饲养它可以避免兵刃之灾。

春秋战国时期，齐桓公骑着一匹马行至深山处，远远地看见有一只老虎。奇怪的是老虎不但没有扑过来，反而趴在地上不敢动。齐桓公很纳闷，便问齐相管仲："我只是乘了一匹马，老虎看见我却不敢动弹，这是怎么回事呢？"管仲回答说："因为您骑的是驳马，驳马是专吃虎豹的猛兽，所以老虎一见它就会害怕，不敢上前来。"

隋唐时期的著名将军秦琼的坐骑叫作忽雷驳，这个坐骑原本是隋将尚师徒的爱马，长三米多，高二米多，此马平时不叫，颔下有一肉瘤，肉瘤上有三根毛，主人一抓这个肉瘤马即轻叫，若一拉肉瘤上的毛，其叫声则如雷鸣，因此忽雷驳又有一个别名叫作呼雷豹。秦琼死后，这头忽雷驳则嘶鸣不食而死。

也有人说，驳其实就是神兽白泽的后裔。白泽能说人话，通万物之灵，通晓天下鬼神万物状貌，是中国古代神话中地位崇高的神兽，是能令人逢凶化吉的吉祥之兽。驳并没有全面继承祖先的神力，已经退化到仅比普通动物厉害一点的地步了。

【图二】清·汪绂山海经存本

【图三】明·蒋应镐绘图本

穷奇——食人凶兽

《西山经》 其上有兽焉，其状如牛，蝟（wèi）毛，名曰穷奇，音如
     獆（háo）狗，是食人。

《海内北经》 穷奇状如虎，有翼，食人从首始。所食被发。在蜪
     （táo）犬北。一曰从足。

【图一】清·禽虫典

穷奇的传说

邽（guī）山中生活着一种很残暴的怪兽，叫作穷奇。关于穷奇的形貌，有的记载说穷奇像牛，但全身长着刺猬毛，发出的声音如同狗叫；有的记载说穷奇长得像老虎，但是有翅膀。

穷奇是上古神话里的四大凶兽之一。穷奇之所以被称为凶兽，是因为传说它专吃正直、善良、忠诚的人。

穷奇有一种能力，就是能够听懂天下各地的语言，每当看到有人吵架或者打斗，它便将正直有理的一方吃掉；听说谁忠诚老实，便会吃掉那人的鼻子；听闻某人恶逆不善时，反而会衔着鲜美的兽肉奖励他。这就是穷奇最大的恶意，目的是为了让世间的善消失，恶横行。

穷奇的来历也很不凡。据说它是天帝少昊的一个不肖之子。他诋毁忠良，包庇奸佞，最喜欢做的事情就是颠倒黑白。后来，穷奇日渐堕落，就变成了凶兽穷奇。穷奇凶名远扬，不光人们害怕它，就连妖魔鬼怪也害怕它，所以古人会用穷奇来驱走妖魔鬼怪。在秦汉时期，每年到了腊月初七这一天，皇家主持的盛大的祭祀典礼就会上演，典礼主要祭拜能驱赶妖魔鬼怪的十二种神兽（由十二个人扮演）。这十二种神兽里就有穷奇，它的职责就是和另一种叫腾根的兽共同去吃那些毒害人类的蛊。

【图二】明·胡文焕图本

【图三】明·蒋应镐绘图本

孰湖的传说

鸟鼠同穴山西南方向三百六十里的地方，有一座崦嵫（yān zī）山。崦嵫山是一处福地，这里出产很多珍禽异兽、奇花异果。山上有很多丹树，丹树的果实有西瓜那么大，皮是红色的，内里是黑色的，这种树的果实，可以治疗黄疸，还可防御火灾。山向阳的南坡多产乌龟，背阴的北坡多产美玉。

崦嵫山还生活着一种野兽，名字叫孰湖。它的身体像马，却有鸟的翅膀、人的面孔和蛇的尾巴，很喜欢把人抱着举起来。孰湖集人、马、鸟、蛇于一身，样子凶恶，却很喜欢亲近人类，喜欢被人骑，愿意帮助人类。

孰湖其实是上古时期崦嵫山一带的部落对马的图腾崇拜。马是人类非常重要的动物伙伴，是人类的好朋友。传说黄帝时期就已经有了马。据说，有一次黄帝的部下捕获了一匹野马王，性情很刚烈，人一接近它，它就前蹄腾空，昂头嘶鸣，或把后腿崩起。黄帝就委托驯养动物的能手王亥驯服了它。之后，风后、应龙、女魃①、陆吾等都去祝贺，认为骑马可以代步，省力快捷。从此之后，驯养马的技术就逐渐流传到中国的各个部落，马也成为人们出行必不可少的代步工具。

注释：

① 女魃（bá）：神话中的旱神。

【图二】清·汪绂山海经存本

【图三】明·蒋应镐绘图本

水马 —— 文臂牛尾马

《北山经》　　其中多水马，其状如马，文臂牛尾，其音如呼。

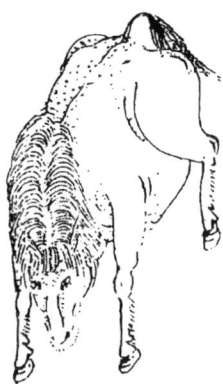

【图一】清·汪绂山海经存本

【图二】明·胡文焕图本

水马的传说

单狐山往北走二百五十里，就到了求如山，这里有很多水马。水马的外形与一般的马相似，但前腿上长有花纹，尾巴像牛，它的叫声就像有人在叫喊。

水马是一种灵瑞之兽，它的出现是吉祥的征兆。水马就是传说中龙马的后裔。龙马也叫龙精，其在神话中第一次出现，是在伏羲（xī）时期。伏羲是上古神话传说中的"三皇"之一，是华夏文明的鼻祖。伏羲作了华胥（xù）氏的部落首领后，他教人们制网用于渔猎，倡导男聘女嫁的婚俗礼节，改变了子女只知其母不知其父的状况。此外，他还制定历法，发明陶埙①、琴瑟（qín sè）等乐器，创作乐曲歌谣等。但伏羲最大的功绩还是创立八卦。

相传伏羲在做部落首领的时候，出现了一匹龙马肆虐世间，那匹龙马有着龙的脊背和马的身形，背上有对翅膀，高约三米，身上有龙鳞，在水面上踩着水行走，如踏平地，背有图点，由黄河进入图河（今洛阳市孟津县），游弋（yì）于图河之中，到处兴风作浪。伏羲挺身而出，与龙马大战七天七夜，终于降服了它。然后伏羲根据龙马背上的图点，仰观天象，俯看大地，绘制出了河图，创造了八卦符号，史称"先天八卦"。

注释：

① 陶埙（xūn）：在古代主要为诱捕猎物所用，是汉族最古老的闭口吹奏乐器，在八音中属土音。

驩疏——神兽白泽

《北山经》　　有兽焉，其状如马，一角有错①，其名曰驩（huān）疏，可以辟火。

【图一】清·汪绂山海经存本

【图二】明·蒋应镐绘图本

注释：

① 错：通"厝"，指磨刀石。

朦疏的传说

从求如山往北三百里，有一座带山，山上盛产玉石，山下盛产青石和碧玉。山中有一种神兽，叫作朦疏。朦疏的形貌像普通的马，但其头顶长着一只角，质地如同坚硬的磨刀石。据说饲养朦疏可以辟火。朦疏很像是普通的马，但是它头上长着角，就成了传说中的独角兽，也就是神兽白泽。

白泽的地位很高，是可使人逢凶化吉的吉祥之兽，常与麒麟和凤凰等神兽为伍。有一次，黄帝去昆仑山东边的恒山游玩，偶然在海边遇到一只白泽。这只白泽浑身雪白，能说人话，而且有一种特殊能力，能知道天地鬼神的事情，对山林水泽的各种精怪更是了如指掌，甚至比黄帝知道的都多。于是黄帝就派人把白泽所说的各种精怪都画成图像，并在图的旁边加上注解，一共画了一万一千五百二十种妖魔鬼怪。从此，黄帝管理世间万物就方便多了。

根据白泽描述所编撰的这本书就叫作《白泽精怪图》。在秦汉唐宋时期，《白泽精怪图》一书非常流行，甚至到了几乎每户都有一本的程度。书中记载着各种神怪的名字、相貌和驱除的方法，并配有神怪的图画，人们一旦遇到怪物，就会翻阅此书来查找。后来还有人直接将画有白泽的图画挂在墙上，或是贴在大门上用来辟邪驱鬼。

㹠疏狀如馬一角有錯
㹠疏可以辟火出帶山
厭火之獸
厥名㹠疏

【图三】清·毕沅图注原本

㹠疏狀如馬一角有錯
㹠疏可以辟火出帶山
厭火之獸
厥名㹠疏

【图四】上海锦章图本

孟槐——红毛貆

《北山经》　　有兽焉，其状如貆①而赤毫②，其音如榴榴，名曰孟槐，可以御凶。

【图一】日本图本

注释：

① 貆（huán）：豪猪。

② 赤毫：红尾巴。

孟槐的传说

谯（qiáo）明山属于北山山系，位于带山以北四百里的地方，山上没有植物，但遍布各种矿物。山中有种野兽，样子很像貉[①]，但是毛是红色的，叫孟槐。孟槐的叫声如同辘轳（lù lu）抽水时发出的声音，据说人们饲养它可以避除凶邪之气。

孟槐是貉的一种。貉是一种非常古老的犬科物种，被认为是类似犬科祖先。貉是唯一一种冬眠的犬科动物，但它平时不住洞穴，但是在冬眠的时候，就必须找个洞。可它不善于挖洞，这可怎么办呢？别担心，有一种动物会在自己家中给貉留一个位置，这种热心的动物就是獾。每当数九寒天大雪纷飞的时候，无处避寒的貉就进入獾的洞。不知是意气相投，还是气味相近，獾并不驱逐它，反而友好地留它在洞内栖居，直到熬过漫长的冬季。

獾和貉的交集还不止于此。据说有时在深秋或初冬时节，獾正忙着打洞筑巢时，貉在附近活动发现后，竟也衔些枯草树叶来帮忙。据说貉还甘愿做"土车子"，就是貉仰躺着，任獾从洞里往它身上堆土，然后叼住它蓬松的尾巴向外运土。貉和獾这种深厚的友谊，不禁让人称奇。

注释：

① 貉（háo）：一种外形很像狐狸的动物，毛呈黄褐色。生活在山林中，昼伏夜出，以鱼虾和鼠兔为食。

孟槐

【图二】清·汪绂山海经存本

猛槐

【图三】明·胡文焕图本

【图四】明·蒋应镐绘图本

103

孟极——白身豹

《北山经》　　有兽焉，其状如豹，而文题^①白身，名曰孟极，是善伏，其鸣自呼。

【图一】清·禽虫典

注释：

① 文题：花额头。

孟极的传说

丹熏山再往北二百八十里，就是石者山，山上没有花草树木，但却遍布着瑶[1]、碧之类的美玉。洗水从这座山发源，向西流入黄河。石者山上栖息着一种野兽，形貌像普通的豹子，花额头、白身子，名字叫孟极，它非常善于隐藏身体，叫声就如同叫自己的名字"孟极！孟极！"一样。

孟极外形像豹子，全身花纹，皮毛是白色的，十分善于潜伏。看了这些介绍，就很容易知道，孟极可能就是传说中的雪豹。在中国的神话传说中，雪豹也是一种神兽，并且还有以雪豹为图腾的氏族。

雪豹喜欢独行，习惯在夜间活动，生活在高海拔地区。因为雪豹的数量极其稀少，使得它们在人们的心中越来越神秘。

在尼泊尔的传说中，雪豹是山神的"护法神"。如果牧民在野外烤肉，山神就会派雪豹去进行惩戒。尼泊尔还把雪豹称为庄稼的"天然栅栏"。这是因为如果没有雪豹，各种野生动物就会肆无忌惮地糟蹋庄稼。

注释：

① 瑶（yáo）：指美玉。也用来比喻美好，珍贵，光明洁白。

孟槐

【图二】清·汪绂山海经存本

【图三】明·蒋应镐绘图本

幽鴳——嬉笑猴

《北山经》 有兽焉，其状如禺而文身，善笑，见人则卧，名曰幽鴳
（yàn），其鸣自呼。

【图一】明·蒋应镐绘图本

幽鴳的传说

石者山再往北一百一十里，就是边春山，山上生长着野葱、冬葵、韭菜、野桃树、李树。边春山上有一种野兽，看起来很像猕猴，但是全身有斑纹，而且特别喜欢笑，一看见人就假装睡着了，它的名字叫幽鴳，吼叫时的声音就像在自呼其名。鴳字虽然带着鸟字旁，但幽鴳却是一种兽，是"禺"的一种。禺是古代传说中的一种猴子，因此有史料记载幽鴳和禺是同一种动物的不同叫法。

幽鴳是一种很有礼貌和道德的猴子，它们居住在树上，白面黑颊，胡须很多而且毛须斑斓，尾巴比身子还长，末端还有分叉，下雨的时候就用尾巴上的分叉塞住鼻孔。平时喜欢成群结队，年长的走在前面，年幼的跟在后面。进食的时候，它们还会相互推让，就跟人一样。"相爱而居，相聚而生，相赴而死"，是古人对它们的赞美。据说人们只要捕住一只幽鴳，其他的幽鴳就会成群地啼叫着追随，即使被杀也不离开，情愿同生共死。古人因此很赞赏这种动物的这种性情，并称它们为"仁兽"。

幽鴳的性格特别多疑，见到人就躺在地上，样子看起来好像很放松，其实是在偷偷观察人，使人放松警惕。人们只要有一点点动作，它们就会嗖地爬到树上。这和很多动物遇到敌人就装死是一个道理。

【图二】清·汪绂山海经存本

【图三】明·胡文焕图本

109

足訾 ——牛尾文臂猴

《北山经》　　有兽焉，其状如禺而有鬣，牛尾、文臂、马蹏^①，见人则呼，名曰足訾（zǐ），其鸣自呼。

【图一】清·禽虫典

注释：

① 蹏（tí）：意思同"蹄"。

足訾的传说

从边春山再往北走二百里，就到了蔓联山，山上没有花草树木，是一座光秃秃的石头山。山上有一种异兽，体型像猿猴却身披鬣毛，长着牛的尾巴，马的蹄子，双臂上有花纹，看见人就会呼叫，听起来就像在喊"足訾"，于是人们就用"足訾"来称呼它。

足訾长有鬣毛，牛尾，马蹄，因此，人们认为它是狒（fèi）狒的一种。狒狒体型比较大，智商比较高。狒狒的四肢一样长，奔跑的时候四肢着地，与马有些类似。狒狒是群居动物，每个群体都有十几只，甚至百余只。在狒狒群体中，等级秩序非常明显，还有严格的纪律。

在阿拉伯地区，狒狒在被人们驯化后，可以用来看家、看孩子和采集鲜果。狒狒还是当地牧羊人的好帮手，能够尽心尽力地为主人效劳。与牧羊犬相比，狒狒还可以清点羊的数目。如果它发现羊少了几只，就会设法把迷路的羊找回来，因此总是得到主人的奖赏。

在古埃及，狒狒是很神圣的动物，被称为太阳神的儿子，因为每天清晨都是狒狒第一时间全体迎接太阳的升起，十分虔诚。古埃及人还把狒狒制作成木乃伊来祭奠神灵。古埃及人非常重要的一个神——索斯，就长着狒狒一样的头。

足訾

【图二】清·汪绂山海经存本

112

【图三】明·蒋应镐绘图本

【图四】清·四川成或因绘图本

诸犍 —— 人首豹

《北山经》　　有兽焉，其状如豹而长尾，人首而牛耳，一目，名曰诸犍

（jiān），善咤（chà），行则衔（xián）其尾，居则蟠①

其尾。

【图一】清·禽虫典

注释：

① 蟠（pán）：环绕，盘伏。

114

诸犍的传说

蔓联山再往北一百八十里，就是单张山，山中有一种野兽，叫作诸犍。诸犍的形貌很像豹子，拖着一条长长的尾巴，长着人一样的脑袋和牛一样的耳朵，但是只有一只眼睛。诸犍喜欢吼叫，叫声能够传很远。行走时就用嘴叼着尾巴，睡觉时就将尾巴蜷（quán）起来。

在《山海经》中，无论是人、神、兽，都有豹的许多特性。其中，大名鼎鼎的西王母，就是"豹尾虎齿"，另外一位大神长乘，也长着一条豹尾。长乘天生具有九德之身，论来头不比西王母小，他们都有一条豹尾，这说明豹子在上古神话里的地位是很高的。

虽然《山海经》里对它没有特别详细的介绍，但推测诸犍应该是一种地位比较高的神兽。有一种说法认为诸犍就是传说中的蒲牢。蒲牢是龙的九子之一，很喜欢吼叫。据说蒲牢生活在海边，却害怕海里的鲸，每次一看到鲸，它就吓得大声吼叫。人们根据其喜欢吼叫的特点，就把蒲牢铸为钟纽①，而把敲钟的木杵②作成鲸的形状。敲钟时，其响声能直穿云霄且回声幽远。在现在的网络文学和游戏里，诸犍的地位也很高，几乎能达到凤凰、麒麟这个级别。

注释：

① 钟纽：古代人们将大钟的顶端铸上龙形、异兽的图案，并将这种对钟的装饰叫钟纽。

② 木杵（chǔ）：头儿粗大，断面呈圆形。杵与臼（jiù）配套使用。早期人们用它们来加工谷物。

諸　　
犍

【图二】明·胡文焕图本

諸
犍

【图三】清·汪绂山海经存本

116

那父——白尾牛

《北山经》　　有兽焉，其状如牛而白尾，其音如訆[1]，名曰那父。

【图一】明·蒋应镐绘图本

注释：

① 訆（jiào）：古同"叫"，大声呼叫。也有鸣叫，妄言之意。

那父的传说

从单张山出发，往北走三百二十里就来到灌题山，山上生长着茂密的臭椿树和柘（zhè）树，山下到处是流沙，还遍布着很多磨刀石。山中有一种野兽，叫作那父，长得很像牛，有一条白色的尾巴，它的声音如同人在高声呼唤。

那父是一种生活在古代的野牛。在我国古代，最常见的野牛是原牛。原牛在欧亚大陆曾经普遍存在，东到朝鲜、西到法国都生存着大量的原牛。原牛体型极为庞大，肩高接近两米，只比大象小一点。原牛大约是在八千年前开始被人类驯养的，之后逐渐形成了如今常见的黄牛。而野生的原牛则由于人类的捕杀以及栖息地被破坏，逐渐趋于灭绝。在两千多年前，欧亚大陆上已经仅剩欧洲中部还有原牛存在。

罗马帝国的凯撒大帝在日记中曾经这样记载：原牛略小于象，色彩独特，体型巨大，速度超群，无论面对人还是兽，它们都不示弱，无法被驯化，即使幼牛也很难被驯服。那时候罗马帝国的斗兽场里，不但有狮子、老虎与角斗士们搏斗，还有大量的原牛，也是表演的主角。由于人类的猎杀，到十一世纪时，除东普鲁士、立陶宛及波兰的荒野外，其他地方的原牛几乎已经灭绝了。如今，原牛更难得一见了。

那父

【图二】清·汪绂山海经存本

119

旄牛——长毛牛

《北山经》　　有兽焉，其状如牛，而四节生毛，名曰旄（máo）牛。

《北山经》　　其中多赤鲑①。其兽多兕②、旄牛，其鸟多鸤鸠③。

【图一】清·汪绂山海经存本　　　【图二】明·胡文焕图本

注释：

① 鲑（guì）：鱼的一种。鲑鱼又称三文鱼。

② 兕（sì）：古书上指雌的犀牛。

② 鸤鸠（shī jiū）：即布谷鸟，亦作尸鸠。

120

旄牛的传说

灌题山再往北二百里就是潘侯山，山上覆盖着松树和柏树，山下是茂密的榛树和楮树，山南面蕴藏着丰富的玉石，山北面蕴藏着丰富的铁。潘侯山上有一种野兽，形貌和普通的牛一样，但四肢关节上都长着长长的毛，所以它的名称就叫旄牛。古代行军打仗时，先锋部队或指挥阵营的旗杆上就会绑上旄牛的长毛，以作先锋或指挥之用。成语"名列前茅"就出自于此。

旄牛就是现在的牦牛。牦牛被称作高原之舟，是青藏高原上特有的牛种。牦牛性情温和、驯顺、善良，当地牧民的衣、食、住、行都离不开它。牦牛的乳、肉、毛、粪，都是牧民必不可少的生活资料。牦牛体型笨重、粗壮，但比印度野牛略小，雄性的形体明显大于雌性。野牦牛具有耐苦、耐寒、耐饥、耐渴的本领，对高山草原环境条件有很强的适应性。

据史书记载，远古时期分布在青藏高原上的众多游牧氏族，如党项、白兰、唐旄等，均以牦牛为图腾，将牦牛作为氏族名、部族名、种名和地名。秦汉时期，还有一个部落叫作牦牛羌，这个部落居住的地方叫牦牛县，就在今四川省汉源县东北。

【图三】清·禽虫典

【图四】明·蒋应镐绘图本

122

窫窳——人面兽

《北山经》　　有兽焉，其状如牛，而赤身、人面、马足，名曰窫窳（yà yǔ），其音如婴儿，是食人。

【图一】清·禽虫典

窫窳的传说

敦薨（hōng）山再往北二百里，是座少咸山。少咸山上也没有花草树木，却生长着一种吃人的野兽窫窳。窫窳形貌像普通的牛，却长着红色的身子、人的面孔、马的蹄子，它发出的声音如同婴儿啼哭一般。

据说窫窳原本是天上的一位神，长着人面蛇身，地位很高。天上还有一个人面蛇身的天神，叫作贰负。窫窳性情温顺和善，很受大家的爱戴，贰负就心生嫉妒，并怀恨在心。贰负有个非常忠心的手下，叫作危。有一次，贰负听说窫窳说他的坏话，勃然大怒，马上派危去把窫窳给杀了。

这件事被天帝听说了，就命人把贰负和危捉来，将其绑在西方的疏属山上，枷了他们的右脚，又用头发反绑住他们的手，拴在大树下，不准别人解开。至于窫窳，天帝觉得他很可怜，就命巫师用不死之药让他复活。但这次复活不是很成功，复活后的窫窳，变成了智商低下的身形像牛的野兽，专以吃人为生，成为人间的祸害。好歹窫窳曾经也是神，知道避风头，遇到有道明君在位的盛世，就躲藏起来；当遇到乱世时，才趁乱出来作恶。在帝尧时期，天上升起十个太阳，民不聊生，窫窳就趁机出来作乱害人，在中原一带为害甚烈。后羿射掉了九个太阳后，就顺便把窫窳也杀死了。窫窳在做野兽期间，也留下了一些后裔，其中一些，就在少咸山上安家了。

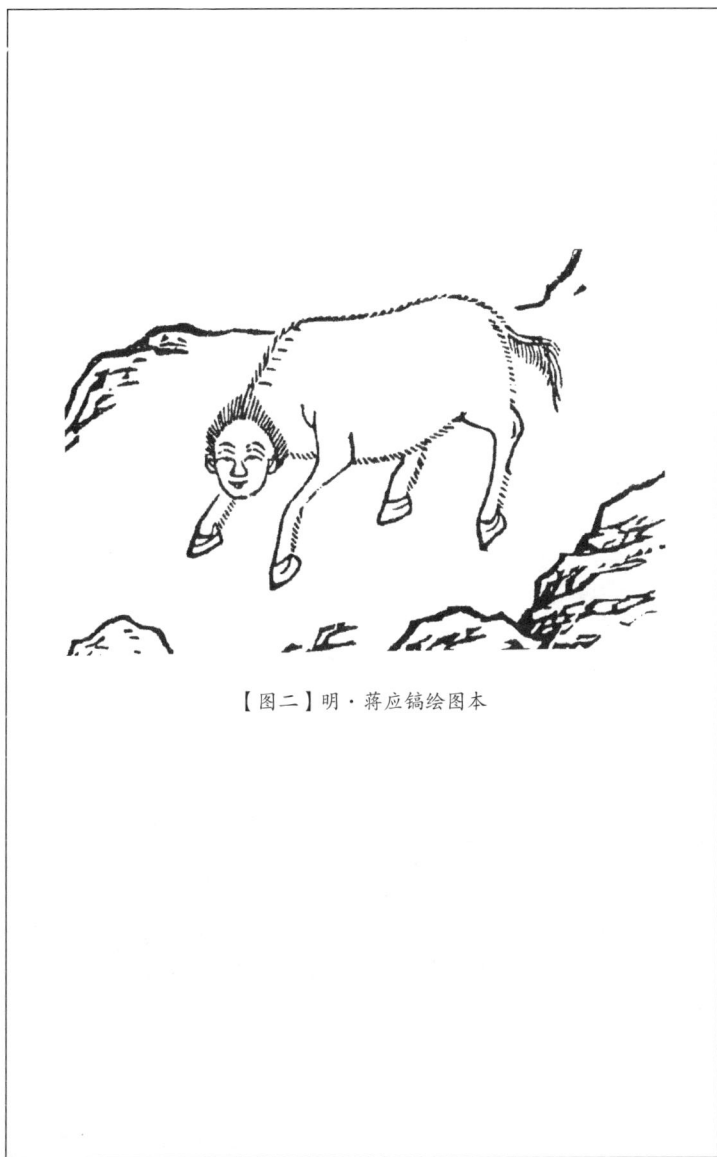

【图二】明·蒋应镐绘图本

山𤟤——大风猴

《北山经》　　有兽焉，其状如犬而人面，善投，见人则笑，其名山𤟤（huī），其行如风，见则天下大风。

【图一】清·毕沅图注原本

山犭军的传说

少咸山往北二百里，是狱法山。狱法山上栖息着一种野兽，叫作山犭军，它的形貌像普通的狗，却长着一张人脸，擅长投掷，一看见人就会哈哈大笑。它行走的速度快如风，往往能够带起一阵大风。因此，人们就把山犭军的出现当作大风的征兆。

有人认为山犭军是举父、枭阳①之类的怪物，其实，山犭军也就是山魈（xiāo）。山魈在中国的神话传说中，是一种山精树怪，有时候也会出来害人。

清朝的小说家蒲松龄记载过这样一个故事：有一个姓孙的书生在一个偏僻的庙里读书。有一天晚上，突然听到风声呼啸，孙书生心想可能是庙里的和尚没关好门。他正好奇，房门已被刮开了，风声已进入屋内，还夹杂着铿铿的声音。这时他发现一个大鬼弓着身子挤进门来，头几乎顶着房梁，面部好像老西瓜皮，目光明亮地向屋内环视。张着如盆大口，牙齿稀疏，有三寸多长。孙书生害怕极了，但也没地方躲，于是只好抽出佩刀，猛地向大鬼砍去，一刀下去正中它的肚子。大鬼大怒，用爪子抓他。孙书生赶紧躲闪，大鬼只抓到被子，无奈只能愤愤地走了。这时庙里的人被惊醒了，举着火把赶去，发现被子夹在房间的门缝里，上面还有爪痕，大如簸箕。后来有人说这只鬼就是山魈。

注释：

① 枭（xiāo）阳：枭阳是一种异兽，跟山犭军有点像。

山
渾

山
獋

【图二】明·胡文焕图本

【图三】清·汪绂山海经存本

【图四】明·蒋应镐绘图本

诸 怀 ——四角猪

《北山经》　　有兽焉，其状如牛，而四角、人目、彘耳，其名曰诸怀，其音如鸣雁，是食人。

【图一】清·禽虫典

诸怀的传说

从狱法山再往北二百里，有一座北岳山，山中有一种野兽，名字叫作诸怀。它的外形像一般的牛，却长着四只角、人的眼睛、猪的耳朵。诸怀其实就是一种大型的野猪。北岳山上的这种野猪，体型硕大，长相怪异，看起来很凶恶，人们就把它想象成一种吃人的怪兽。这种野猪很有可能是现在的非洲疣（yóu）猪。

疣猪的脸本来就很丑陋，还长着像是巨大青春痘似的尖疣，两边各有一对，看起来就像是脸上长了四只角。巨大的獠（liáo）牙撑破了脸，冒失地钻出来，巨大的头部占据了体长的三分之一，就像是比身子还重。疣猪的獠牙是它们保护自己的有力武器，雄性疣猪的獠牙就像军刀一样，非常锋利，甚至可真的当刀用。经验不够丰富的豹和猎豹有时会被其刺伤甚至被刺死。

疣猪很擅长挖洞，那几个大疣，就是为了在挖洞的时候保护眼睛的。但有时候疣猪也会犯懒，直接住进别的动物挖好的洞穴里。疣猪进洞穴的动作很有趣，总是先把后半身塞进去。这样就能随时观察敌情，避免被其他入侵者袭击了屁股，甚至可以先下手为强，即用獠牙去对付袭击者。慢慢退进洞里的它们，总是很得意地看着前来袭击却束手无策的敌人。

【图二】清·汪绂山海经存本

【图三】明·蒋应镐绘图本

驿马——独角马

《北山经》　　　旄水出焉，而东流注于邛（qióng）泽。其中多驿（bó）
　　　　　　　　马，牛尾而白身，一角，其音如呼。

【图一】清·禽虫典

驳马的传说

从诸余山再往北三百五十里有座山，叫作敦头山。这座山上蕴藏着丰富的金矿和玉石，但寸草不生。㶟水就发源于这座山，从山涧流出后便向东流入邛泽。㶟水中有很多驳马。驳马长着牛尾巴，全身白色，头顶只有一只角，发出的声音就像人在呼喊。驳马跟前文所说的㹰疏一样，都是独角兽，也就是白泽的后裔。

驳与骐（qí）是亲戚，头上长有独角的就叫驳，没有角的叫作骐。有角的驳马能够腾云驾雾，而骐就只能踏地行走。即便如此，骐也是上古传说中最常见的千里马，因此有很多相关的成语，如远求骐骥（jì）、人中骐骥、骐骥一毛、骐骥过隙等。

关于骐骥，有一个流传甚广的故事——伯乐相马。传说天上掌管马匹的神仙叫伯乐，因此民间就把精于鉴别马匹优劣的人，也称为伯乐。春秋时期有一个人叫作孙阳，对马非常有研究，人们就称他为伯乐。据说有一匹骐，成年后，被驱赶着拉一辆盐车，在太行山上蹒跚^①而行。伯乐经过这里，立刻下了车，抱着骐的脖子痛惜地放声大哭起来。于是骐仰起头来长嘶（sī）一声，那声音直冲云霄，发出了金石碰撞般的声响。这是为什么呢？是因为它碰到了伯乐这样的知己而激动啊！

注释：

① 蹒跚（pán shān）：腿脚不灵便，走路缓慢、摇摆的样子。

【图二】清·汪绂山海经存本   【图三】清·吴任臣图本

【图四】明·蒋应镐绘图本

狍鸮——人面羊

《北山经》　　　有兽焉，其状如羊身人面，其目在腋下，虎齿人爪，其音如婴儿，名曰狍鸮（páo xiāo），是食人。

【图一】清·禽虫典

狍鸮的传说

敦头山再往北三百五十里就是钩吾山，山上盛产玉石，山下盛产铜。钩吾山上有一种野兽，名字叫作狍鸮。其身子像羊，长着人的脸孔，眼睛却长在腋下，还有像老虎一样锋利的牙齿和像人一样的手爪，它的叫声如同婴儿般的啼哭，是十分凶恶的动物，能吃人。

据说狍鸮是传说中的凶兽饕餮（tāo tiè）的后裔。传说黄帝大战蚩尤，蚩尤被斩时，其头落在地上化为饕餮。还有一个关于饕餮的传说，是说龙生九子，第五子就是饕餮，它十分贪吃，把能吃的都吃掉以后，竟然把自己的身体也吃了，最后只剩下一个头，终因暴饮暴食被撑死了。

在古代君王中，有一位类似于饕餮的人，他就是夏桀。夏桀就是一个每时每刻都在饮酒的暴君。为了满足自己饮酒的欲望，他做的酒池可以行舟。正是由于他长期腐败纵欲，才最终导致夏朝覆亡。商汤灭了夏朝建立了商朝，为了记住夏桀的教训，就把饕餮的形象铸造在青铜鼎上。因此，古代大量的青铜鼎上都以饕餮的形象做装饰。

狍鸮羊身人面目在腋下虎齒
人爪是食人出鈎吾山

【图二】清·吴任臣图本

狍鸮

【图三】清·汪绂山海经存本

【图四】清·郝懿行图本

【图五】明·蒋应镐绘图本

独狢——狗头虎

《北山经》 有兽焉，其状如虎，而白身犬首，马尾彘鬣，名曰
独狢（yù）。

【图一】清·禽虫典

独狢的传说

钩吾山以北三百里，就是北嚣山。北嚣山上没有石头，但是盛产各种美玉。北嚣山中有种野兽名叫独狢，形貌像老虎，但身子是白色的，长着狗脑袋、马尾巴和猪鬃毛。

这种野兽虽然是虎、狗、马、猪四种动物的集合体，但没有太特别的能力。根据《山海经》的描述，这种动物与现在非洲的鬣狗比较吻合。鬣狗的体型比较大，还长有斑纹，有点像老虎；鬣狗的脑袋与狗几乎是一样的；鬣狗的长尾巴与马尾巴相似；鬣狗颈后的背中线有长鬣毛，跟野猪的一样。这样看来，独狢可能就是在古代中国繁衍生存的一种鬣狗。

在古代中国，曾经有一种巨鬣狗，体型跟一头棕熊类似。这种大型的鬣狗灭绝得很早，但还有斑鬣狗（鬣狗科的一种）一直存在，直到八千五百年前才灭绝。因此，古代的神话传说中有鬣狗的存在是很正常的。在中国周口店遗址山顶洞中曾经出土过完整的斑鬣狗头骨化石。也就是说，斑鬣狗与周口店的山顶洞人共存了很长时间，而且被列入山顶洞人的食谱。但是生活在中国的鬣狗并不是因为被山顶洞人捕食才灭绝的，而是由于一个强大的竞争对手——灰狼。灰狼大约是在三十万年前从北美大陆来到中国的，之后一直威胁着鬣狗的生存，直至鬣狗灭绝。

獨㺄

【图二】清·汪绂山海经存本

【图三】明·蒋应镐绘图本

141

居暨——红毛猪

《北山经》　　修水出焉，而东流注于雁门，其兽多居暨（jì），其状如
汇^①而赤毛，其音如豚。

【图一】清·禽虫典

注释：

① 汇（huì）：刺猬。

居暨的传说

北嚣山再往北三百五十里，有一座梁渠山，山上不生长花草树木，却有丰富的金属矿物和玉石。修水从这座山发源，然后向东流入雁门水。山中有一种野兽叫居暨，形貌像老鼠，浑身却长着红色的毛，发出的声音如同小猪的叫声。

居暨是一种体型比较小的野兽，和老鼠长得很像，身上覆盖着红色的毛，根据这种描述推测，居暨很有可能是指鼠兔。鼠兔的外形酷似兔子，身材和神态又很像鼠类，栖息在各种草原、山地林缘①和裸崖。鼠兔中有一种红耳鼠兔，毛发也是红的，这跟对居暨的描叙非常吻合。红耳鼠兔是鼠兔中较大的一种，身体粗壮，耳壳大而圆，后肢稍长于前肢。夏天的时候，身上大部分颜色是红褐色、红棕色。

鼠兔擅长打洞，通常都是单只居住，可能由于孤独，因此它们十分好客，常常能看见褐背拟地鸦、雪雀等鸟类白天进出鼠兔的洞穴，而且不会被鼠兔驱赶。这是因为鼠兔可借助鸟类的惊鸣来报警，小鸟可利用洞穴躲避太阳的强烈辐射、暴风和冰雹。人们把这种生物现象称作"鸟鼠同穴"。

鼠兔在很长一段时间内被草原上的牧民认为是有害的生物，但后来人们发现，鼠兔打洞反而有利于水的渗透，使草原更茂盛。

注释：

① 林缘：树林的边缘或紧挨着树林的农村。

【图二】清·汪绂山海经存本

【图三】明·蒋应镐绘图本

駤——四角马

《北山经》　　有兽焉，其状如羚①羊而四角，马尾而有距，其名曰駤（hún），善还②，其名自詨。

【图一】清·郝懿行图本

注释：

① 羚（líng）：古同"羚"。

② 还：盘旋而舞。

驿的传说

归山上有一种野兽，形貌像普通的羚羊却有四只角，长着马尾巴和鸡爪子，名称是驿。它善于旋转起舞，发出的叫声就是自身名称的读音。根据这些描述，驿很可能就是太行山上的一种珍稀动物——斑羚。

关于斑羚有一个非常有意思的故事，也就是斑羚飞渡。就是说，猎人们把斑羚逼到悬崖上，悬崖距离对面的山峰大约有六米远。斑羚虽有肌腱发达的长腿，极善跳跃，但六米也已经超过它们的能力。在这种情形下，整个斑羚群迅速分成两拨，年长的斑羚为一拨，半大的斑羚为一拨。从那拨年长的斑羚里走出一只公斑羚来。半大那拨也出来一只，一老一少走到悬崖边，后退了几步，突然，半大的斑羚朝前飞奔起来，差不多同时，年长的斑羚也快速起跑，半大的斑羚跑到悬崖边缘，纵身一跃，朝山涧对面跳去；年长的斑羚紧跟在半大斑羚后面，头一钩，也从悬崖上蹿跃[①]。跳到半空的时候，年长的斑羚凭着娴熟的跳跃技巧，在半大斑羚从最高点往下降落的瞬间，身体出现在它的蹄下。半大斑羚的四只蹄子在年长的斑羚背上猛蹬了一下，就再度起跳，跃上了对面悬崖，而年长的羚羊则坠落山崖。接着又有一对斑羚这样跳了过去……斑羚群终于逃出生天，而代价是牺牲一半年老的斑羚。

注释：

① 蹿（cuān）跃：向上翻腾的意思。

146

【图二】明·胡文焕图本

【图三】明·蒋应镐绘图本

147

馬軍

【图四】清·汪绂山海经存本

【图五】清·四川成或因绘图本

148

天马——大宛马

《北山经》　　　　有兽焉，其状如白犬而黑头，见人则飞，其名曰天马，
　　　　　　　　　其鸣自讪。

【图一】日本图本

天马的传说

马成山上有一种野兽叫天马，形貌像白色的狗却长着黑脑袋，一看见人就腾空飞起。这种天马应该是神兽天马的后裔。神兽天马极受我国古人青睐，传说它在天上的名字叫"勾陈"，到了凡间就叫作"天马"，它的形象也经常出现在各类器物纹饰上。

天马名字的由来据说与西汉皇帝汉武帝有关。西汉时期，汉武帝十分爱马。南阳新野有一个人叫暴利长，被流放到敦煌。他在敦煌月牙泉边发现了一群野马，其中有一匹长得神异非凡，常到这里来饮水。暴利长用泥土塑了一个假人，让它手持马笼头和缰绳站在水旁。久而久之，野马对土人习以为常，便失去了警惕。有一天，暴利长便代替土人，同样站于水旁，趁马不备时将其套住，献给了汉武帝。暴利长想把此马说得不同寻常，便诡（guǐ）称它是从水中跃出的。汉武帝是个十分爱马的人，就大大封赏了暴利长。

后来汉武帝派遣张骞（qiān）第二次出使西域，回程时，乌孙国王派遣使者携带数十匹乌孙马前往中原。汉武帝得到乌孙马，高兴地赐名"天马"。后来汉武帝又听说大宛的汗血马特别俊逸，于是铸造了一匹金马，命使者送到大宛国，想换一匹汗血马，结果被大宛国的国王拒绝，汉使也在归途中被杀。汉武帝大怒，派大将李广利率大军远征大宛国。大宛国屈服，并向汉朝提供良马。汉武帝得到了大宛马，觉得这马比乌孙马更雄壮，于是把乌孙马改名为西极马，而把大宛马称作天马。

【图二】明·蒋应镐绘图本

【图三】明·胡文焕图本

飞鼠 ——鼠首飞兔

《北山经》　　有兽焉，其状如兔而鼠首，以其背飞，其名曰飞鼠。

【图一】日本图本

飞鼠的传说

从咸山往东北二百里，就到了天池山。天池山上没有花草树木，但遍布着一种带有花纹的美石。山中有一种野兽，它的形貌像兔子，长着老鼠的脑袋，背上有很长的毛，平时收敛着，想要起飞时就将背上的毛扬起来，像一面大扇子，飞的时候仰面朝上，因此名字叫飞鼠。

据说明朝天启年间（公元1621-公元1627年），凤阳出现了很多大鼠，它们长着肉翅而没有脚，黄黑色毛，尾巴上的毛皮丰满像貂（diāo），能够飞着吃粮食，当地人怀疑这就是飞鼠。据说飞鼠的肉可以食用，皮还能治疗难产。

其实飞鼠就是鼯（wú）鼠。鼯鼠外形类似松鼠，背上毛大多是灰褐色或黄褐色。鼯鼠的前后肢间有宽而多毛的飞膜，这种飞膜可以帮助鼯鼠在树中间快速地滑行，但由于其没有像鸟类那样的翅膀，因此鼯鼠只能在树、陆中间滑翔。鼯鼠的习性跟蝙蝠很类似，白天多躲在悬崖峭壁的岩石洞穴、石隙或树洞中休息，喜欢安静，大多数过的都是独居生活。夜晚则外出觅食，在清晨和黄昏时分活动得比较频繁，它行动敏捷，善于攀爬和滑翔。鼯鼠有"千里觅食一处便"的习性，也就是说，一只鼯鼠会把一个地方当作自己的厕所，固定在此排泄粪便，是一种很讲卫生的动物。

飛鼠　状如兔而鼠首以
　　　其背飛出天池山
或以尾翔
或以髯凌
飛鼠鼓翰
儵欻背騰
用無常所
惟神是
憑

【图二】上海锦章图本

【图三】明·胡文焕图本

领胡——高脖瘤牛

《北山经》　　有兽焉，其状如牛而赤尾，其颈腎[1]，其状如句瞿[2]，其名曰领胡，其鸣自詨[3]，食之已狂。

【图一】清·禽虫典

注释：

[1] 腎（shèn）：肉团的意思。

[2] 句瞿（gōu qú）：意思为斗（dǒu），即古代盛粮食的器具，酒器。

[3] 詨（xiào）：呼唤；大叫。

领胡的传说

天池山向东三百里，就来到了阳山，山上出产很多玉，山下出产很多黄金和铜。阳山上还有一种野兽，形貌像牛，长着红色的尾巴，脖子上长有高高凸起的肉瘤，形状像斗，其名叫领胡。它发出的吼叫声就像是在呼唤自己的名字。人吃了它的肉可以治愈癫狂病。

其实，领胡应该是古代野牛的一种，根据《山海经》对它的描述，有些类似印度的瘤牛。瘤牛因为肩膀上有一个肌肉组织高高隆起，像瘤子一样，因此得名。

瘤牛在印度生活得很幸福。印度有大约百分之八十的人信奉印度教，印度教把瘤牛称为婆罗门牛，非常崇拜，尤其视母牛为圣灵，所以瘤牛在印度具有神圣不可侵犯的地位。印度的瘤牛，可以按照自己的方式活着：走累了，就地卧倒，睡上一觉，绝没有人惊扰它的美梦；饿了，随便走到一户人家，或是一个菜市场，马上就会有人把"饭菜"奉上。甚至还有人每天定时给它们送食物。当然，在印度也只有瘤牛的地位比较高，黄牛和水牛并没有这样的待遇。

【图二】清·汪绂山海经存本

【图三】明·蒋应镐绘图本

𪚕𪚕——一角一目羊

《北山经》　　有兽焉，其状如羊，一角一目，目在耳后，其名曰𪚕（dòng）

𪚕，其鸣自讠凶。

【图一】明·蒋应镐绘图本

㺪㺪的传说

空桑山再往北三百里就是泰戏山，泰戏山上没有植物，遍布金属矿物和玉石。山中有一种野兽，形貌像普通的羊，却长着一只角一只眼睛，眼睛在耳朵的背后，名字叫作㺪㺪，它发出的叫声便是自身名字的读音。㺪㺪是一种吉兽，征兆是只要它一出现，皇宫里就会发生灾祸。

为什么皇宫里的灾祸反倒是人们的吉兆呢？㺪㺪非常有可能是神话传说中的一种神兽——獬豸（xiè zhì）的后裔。獬豸是中国古代神话传说中的神兽，有神羊之称，体型大者如牛，小者如羊，类似麒麟，全身长着浓密黝黑的毛，双目明亮有神，头上通常长一角。獬豸拥有很高的智慧，懂人言、知人性。它怒目圆睁，能辨是非曲直，能识善恶忠奸。若发现奸邪之人，就用角把他触倒，然后一口吃掉。

獬豸的这种能力用到恰当的地方，是很有用的。上古尧舜禹时期的贤臣皋陶就养了一头獬豸。皋陶当时作为掌管刑法的"理官"，曾经被禹选为继承人。皋陶在判案的时候，如果有疑虑，便把獬豸牵出来，如果那人有罪，獬豸就会用角顶他，无罪则不会去顶。在獬豸的帮助下，天下无虐刑、无冤狱，那些做坏事的人非常畏惧獬豸，于是纷纷逃离，致使天下太平。因此，獬豸成了勇猛、公正的象征，也是司法"清平公正"的象征。据说在春秋战国时期，獬豸还曾在齐国出现过，齐庄公还用獬豸解决了两个大臣的复杂官司。獬豸后来消失不见了，㺪㺪可能就是它的后裔。

㺝

㺝㺝

【图二】明·胡文焕图本

【图三】清·汪绂山海经存本

㺝㺝状如羊一角一目目在耳後出姜歡山

㺝㺝似羊目在耳後

【图四】清·毕沅图注原本

160

【图五】日本图本

獂——三足牛

《北山经》　　　有兽焉，其状如牛而三足，其名曰獂（huán），其鸣自詨。

【图一】清·汪绂山海经存本

獂的传说

从饶山再往北走四百里，就到了干山。干山上有一种野兽，形貌像普通的牛，却长着三只脚，名字叫獂，吼叫声就像在呼唤自己的名字。

关于这种三脚牛，历史上曾经有记载。唐朝女皇武则天六十七岁登基为帝，在位的第十一年，已经年近八十的她愈加宠幸张宗昌、张易之兄弟俩。有一天，她的亲孙子李重润被人告发，说是在私底下议论武则天与二张的事情。武则天听了大怒，于是下令李重润自缢^①。与李重润一起议论这件事的，还有他的妹妹永泰公主李仙蕙（huì）及其丈夫武延基（武则天的侄孙），这两人也一起被下令自缢。

虽然武则天心狠手辣，但此时毕竟年老了，出了这种事，就想再搞出点喜事来冲一下喜，正好这时有人献上了一头三足牛，当时的宰相苏味道（苏东坡的祖先）溜须拍马，说这是祥瑞，要庆祝一下。但这时突然跳出一个御史王求礼来扫兴，说："凡是世间万物，反常必是凶兆。这头牛三足，说明朝廷三公（宰相）不得其人，三光（日、月、星）、三才（天、地、人）不得其正，绝不是祥瑞。"这番话一说，武则天也有些疑虑了，于是这件事就没有庆祝了。那头被献上的三足牛也不知去向了。而这头三足牛应该就是《山海经》中说的獂。

注释：

① 自缢（yì）：自杀。

【图二】明·蒋应镐绘图本

罴九 ——尾州麋

《北山经》　　有兽焉，其状如麋，其州^①在尾上，其名曰罴（pí）九。

【图一】清·禽虫典

注释：

① 州：肛门。

罴九的传说

从干山再往北五百里，是伦山。山中有一种野兽，形貌像麋鹿，肛门却长在尾巴上面，名称叫作罴九。

罴九有可能是罴的一种。在我国古代，熊单指黑熊，而棕熊，则被叫作罴，且熊罴通常是连在一起称呼的。棕熊体型非常庞大，是陆地上体型最大的食肉哺乳动物。

棕熊即罴在上古时期也曾大量生存于华北地区，因此罴也是华夏民族的古老图腾。上古时期有一个部落叫作有熊氏，这个部落的图腾就是熊。有熊氏是华夏民族的起源之一，黄帝所在的轩辕氏就是有熊氏的分支。有熊氏曾经建立一个国家叫作有熊国，有熊国是由六个部落所组成的，这六个部落分别有各自的图腾，其中熊、罴便是其中之二。这六个部落是轩辕黄帝的嫡系部落和中坚力量，也是黄帝能统治中原的基础，几乎参与了黄帝的每一次战争。据记载黄帝与炎帝在阪泉之野作战的时候，就是以熊、罴等六部为前驱，并不是指黄帝会驯养野兽，而是指率领着这几个部落的军队。后来，黄帝与蚩尤在逐鹿之野大战的时候，依旧是熊、罴等六部作为主力，不过新增加了一个大部落——龙。而龙部落的加入成了战胜关键，于是龙的地位逐渐提升，成了整个华夏的图腾。

【图二】清·汪绂山海经存本

罷狀如麑其目在
罷尾上出倫山

竅生尾上
號曰罷九

【图三】清·郝懿行图本

从从——六足犬

《东山经》　　有兽焉，其状如犬，六足，其名曰从从，其鸣自詨。

【图一】清·禽虫典

从从的传说

蠢（lěi）山再往南三百里，有一座枸（xún）状山，山上有丰富的金属矿物和玉石，山下有丰富的青石碧玉。山中有一种野兽，形貌像一般的狗，却长着六只脚，名字叫从从，它发出的叫声便是自身名字的读音。

从从在枸状山上呼啸而过，还狂发出"从从"的怪叫，根据这些描述，从从应该就是传说中的"细犬"。细犬是中国一种非常古老的猎犬。神话传说中二郎神的哮天犬，就是一只细犬。这只哮天犬可是神兽，它辅助二郎神斩妖除魔，立下了很多功劳。

孙悟空保护唐僧西天取经的路上，在乱石山碧波潭遇到了妖怪九头虫。这九头虫原本是上古时期的邪神九凤，神通广大，现出了原型，连孙悟空都打不过它，于是就上天邀请了二郎神来帮忙。二郎神放出哮天犬，一口就咬掉了九头虫的一个头，九头虫受了重伤，就急匆匆跑回了北海老家。九头虫后来再出现，已经变成了鬼车鸟。也有人说日本的八歧大神就是被咬掉一个头的九头虫。

细犬在中国的历史已经很悠久了，在秦汉时期已经是很有名的猎犬；唐宋时期是皇室钟爱的猎犬；明代也被皇室所宠爱，明朝宣德皇帝曾亲手绘画了两条自己喜爱的细犬；在清代，宫廷画家郎世宁曾经留下许多皇家猎犬的画作。

從從
狀如犬而六
足出均狀山

【图二】清·吴任臣图本

【图三】清·四川成或因绘图本

【图四】清·汪绂山海经存本

【图五】明·蒋应镐绘图本

狪狪——吐珠猪

《东山经》　　有兽焉，其状如豚而有珠，名曰狪（tóng）狪，其鸣自讠川。

【图一】清·禽虫典

狪狪的传说

独山再往南三百里是泰山。山中有一种野兽，形貌与一般的猪相似，而体内却有珠子，名称是狪狪，它发出的叫声便是自己名字的读音。

相传盘古开天地之后，慢慢地衰老了，最终逝去了。盘古死后，他的头变成了东岳，腹部变成了中岳，左臂变成了南岳，右臂变成了北岳，两脚变成了西岳，眼睛变成了日月，毛发变成了草木，脂膏变成了江河。由盘古头部变成的东岳泰山，成了"天下第一山"，也成了五岳之首，具有重要的象征意义。因此，泰山还是古时候帝王封禅所在地。所谓封禅，就是指人间的帝王应到泰山去祭过天帝，才算真正受命于天。在泰山封禅过的上古帝王有无怀氏、伏羲、神农氏、炎帝、黄帝、颛顼①、帝喾、尧、舜、禹、汤、周成王等十二个。秦始皇统一六国后，也亲自到泰山封禅。汉武帝为帝后，也曾经去泰山用古法封禅。

泰山的地位如此之高，山上栖息的动物自然也不普通。狪狪本是生活在泰山中的一种山猪，由于久受泰山灵气熏陶，也产生了一个特异的本领：体内可以产生珠子。这也再次印证了泰山是神山之说。

注释：

① 颛顼（zhuān xū）：中国上古部落联盟首领，"五帝之一"，黄帝之孙。

【图二】清·汪绂山海经存本

【图三】明·蒋应镐绘图本

轳 轳 ——虎纹牛

《东山经》　　有兽焉，其状如牛而虎文，其音如钦①。其名曰轳

（líng）轳，其鸣自叫，见则天下大水。

【图一】明·蒋应镐绘图本

【图二】清·汪绂山海经存本

注释：

① 钦（qīn）：假借为"吟"，意为人低吟、叹息。

轳轳的传说

《山海经》里有两座空桑山，其一是在北山经里，在极北的地方，没有草木生长，但是一年四季有雪；其二是在东山经里，也就是本篇描述的这座山。这座空桑山与黄帝也有关系。据说黄帝曾经在空桑山结庐而居，潜心钻研，终于发明了一种带轮子的交通工具，用马或牛来拉，并为其取名为车。由于这个成就，黄帝得以从有熊氏分离出来，建立了一个新的部落，由于"横木为轩，直木为辕，故号轩辕氏。"黄帝的轩辕部落因为有车这个先进工具，部落的战斗力有很大的提高，实力也越来越强大，最后从有熊氏的附属部落，变成了有熊氏的首领部落。

空桑山中有一种野兽，它的名字叫轳轳，它的形貌像牛，却有老虎一样的花纹，它会发出像人呻吟般的叫声。据说它一出现，天下就会发洪水。

轳轳和前面所说的猲有些类似。轳轳是像牛却有老虎一样的花纹，猲却是像老虎却长着牛的尾巴。最重要的是，这两种异兽都有一个很重要的特点：一出现就会发大水。可能只是因为它们喜欢戏水，哪里有水就会去哪里，而遭了水灾的人们看见轳轳和猲反而在水里游得很欢快，自然会不高兴了。于是它们就被当作了水灾的象征而被人们所厌恶。

朱獳——鱼翼狐

《东山经》　　有兽焉，其状如狐而鱼翼，其名曰朱獳（rú），其鸣自
　　　　　　　　讯，见则其国有恐。

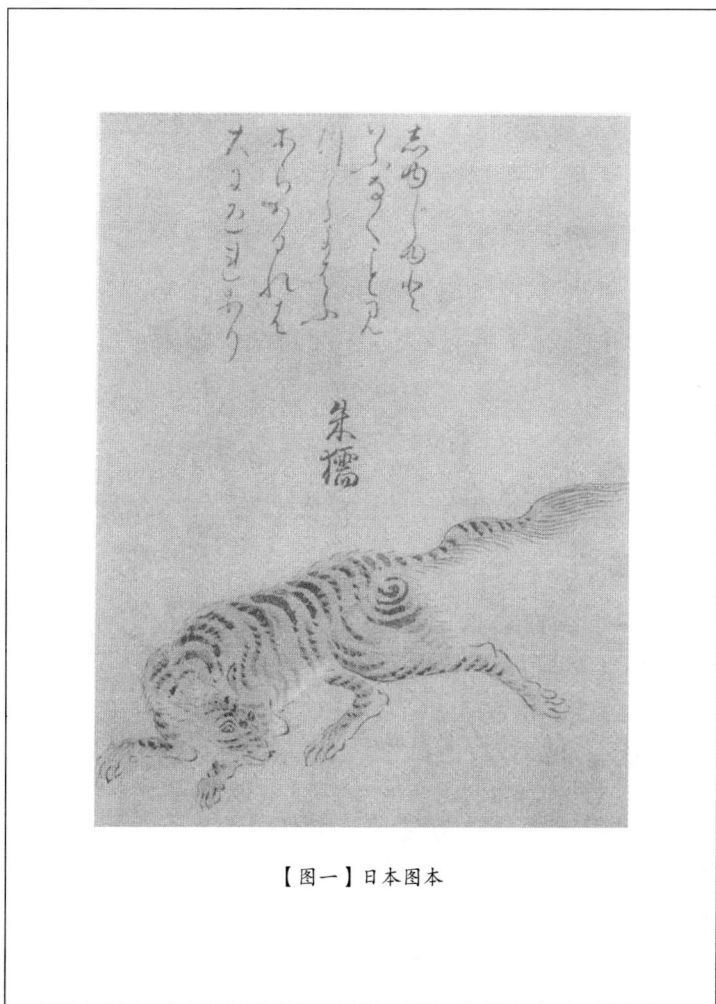

【图一】日本图本

朱獳的传说

从余峩（é）山再往南三百里是耿山。山上没有花草树木，却到处是水晶石，还有很多大蛇。山中有一种野兽，形貌像狐狸却长着鱼鳍①，名称是朱獳，发出的叫声便是它自己名字的读音。相传它在哪个国家出现，哪个国家就会有恐怖的事发生。

朱獳应该是一种水獭（tǎ）。水獭是两栖动物，它的大小同哈巴狗差不多，形貌有点像老鼠，有水漪（yī）之称。水獭主要生活在江河和海岸带僻静的水域，因此水性非常娴熟，不但能快速灵活地游泳，还能把鼻孔和耳朵紧闭起来，不动声色地贴身水面之下，作长距离潜泳，据说可以一口气潜游好几分钟，然后将鼻孔伸出水面换气。它是水中矫健的猎手，凡被水獭一眼看见的鱼、蛙、虾都难逃厄运。它们在水中矫健的样子，曾被古人误以为其长有鱼鳍，从而被当作朱獳。

水獭的一生大多都是在水里捕食和生活的，只有当它们非常饥饿的时候，才会离水到岸边去觅食老鼠和小鸟。至于"水獭在哪个国家出现，哪个国家里就会有恐怖的事发生"的说法，大概是因为旱灾导致水里食物匮乏，水獭不得不到陆地上觅食，陆地上的人们见状才会产生恐慌吧。

注释：

① 鱼鳍（qí）：是鱼的游泳器官，不仅能帮助鱼本身快速游动，还可以起到一定的缓和作用。

【图二】明·胡文焕图本　　　　【图三】清·汪绂山海经存本

【图四】明·蒋应镐绘图本

獙獙——有翼狐

《东山经》　　有兽焉，其状如狐而有翼，其音如鸿雁，其名曰獙（bì）獙，见则天下大旱。

【图一】清·禽虫典

獙獙的传说

缑（gōu）氏山再往南三百里就是姑逢山。姑逢山没有花草树木，却有丰富的金属矿物和玉石。山中有一种野兽，名称是獙獙。形貌像一般的狐狸却有翅膀，发出的声音如同大雁鸣叫。据说它一出现，天下就会发生旱灾。

獙獙的外形像是一种长翅膀的狐狸，很有可能就是传说中的狐蝠。狐蝠是世界上最大的一类蝙蝠，体型较一般蝙蝠大很多，两翼展开长达一米以上。这种蝙蝠的头型跟狐狸非常相似，口吻长且伸出，并且有跟狐狸类似的棕红色皮毛，因此被叫作狐蝠。

狐蝠也被叫作果蝠，因为它们虽然长着狐狸的样子，却从不杀生，只以水果为食，故有此名。它们通常是在黎明和黄昏时候飞出来寻觅果实以及花蕊中的汁液。狐蝠主要栖息在热带原始森林里，以森林中的植物资源为食物来源和栖息场所。因此，人类开发森林以作为农垦地，或过度利用森林的天然产物都会严重影响到它们的栖息。

体型最大的狐蝠当属马来大狐蝠，翼展可达一米八。它们有着黑色皮毛的下半身、黄金色围巾状的颈间皮毛，再加上一双大眼睛和跟犬科动物一模一样的口鼻部，让它们显得温顺可爱，活脱脱像一只会飞的小狗。

獄獄

【图二】清·汪绂山海经存本

【图三】明·蒋应镐绘图本

樊

【图四】明·胡文焕图本

183

蜚蛭——九首九尾狐

《东山经》　　有兽焉，其状如狐，而九尾、九首、虎爪，名曰蜚蛭（lóng zhì），其音如婴儿，是食人。

【图一】清·禽虫典

蜚蛭的传说

姑逢山再往南五百里就到了凫（fú）丽山。凫丽山非常富饶，山上有丰富的金属矿物和玉石，山下还盛产矿石。但是在这里开采矿石的人们却要冒着很大的风险，因为山中有一种吃人的异兽，名字叫蜚蛭。蜚蛭形貌像一般的狐狸，却有九条尾巴、九个脑袋、老虎一样的爪子，发出的声音如同婴儿啼哭，一有机会就会吃人。

蜚蛭与青丘山的九尾狐很像，比如都长得像狐狸，都长了九条尾巴，叫声都像是婴儿啼哭，都是吃人的怪兽。但不同的是，青丘山的九尾狐只长了九条尾巴；而凫丽山的蜚蛭，不但有九条尾巴，还有九个脑袋，爪子却像老虎的一样。青丘山的九尾狐有药用价值，它的肉具有非常重要的解毒功能以及预防功能，吃了它的肉，就不会再中妖邪毒气；凫丽山的蜚蛭，并没有这样的功能。青丘山的九尾狐亦正亦邪，如果遇到了好年景，九尾狐就不吃人，而是预示祥瑞，如果遭遇了灾年乱世，九尾狐就成了吃人的怪兽；凫丽山的蜚蛭，却是常年吃人，无论年景如何。由此看来，青丘山的九尾狐是能够控制自己欲望的有理智的神兽，但是凫丽山的蜚蛭则是纯粹的恶兽了。

也有人说，九尾狐与蜚蛭之间原本是有些亲缘关系的，即它们源自同一物种，但不知是九尾狐改邪归正了，还是蜚蛭误入歧途了，总之是走了不一样的道路，渐渐变成两种不同的物种。

【图二】明·胡文焕图本

【图三】明·蒋应镐绘图本

【图四】清·汪绂山海经存本

【图五】日本图本

㺜㺜——羊目四角马

《东山经》 有兽焉，其状如马，而羊目、四角、牛尾，其音如獆[①]
狗，其名曰㺜（yōu）㺜，见则其国多狡客。

【图一】清·禽虫典

注释：

① 獆（háo）：古同"嗥"。

𫛚𫛚的传说

鬼丽山再往南五百里，就来到了碰（yīn）山。碰山有一种野兽，名字叫𫛚𫛚。它的形貌像普通的马，却长着羊一样的眼睛、四只角、牛一样的尾巴，发出的声音如同狗叫。据说这种异兽在哪个国家出现，哪个国家就会有很多奸猾的政客。

生活在碰山的这种𫛚𫛚，跟传说中的"四不像"原本属于同一物种。我们知道"四不像"是麋鹿的别称，由于其角像鹿，脸像马，蹄像牛，尾巴像驴，却又非鹿非马非牛非驴，故人称"四不像"。而𫛚𫛚则是马身、羊目、四角、牛尾，与麋鹿的形象类似。

在三千年前，麋鹿曾经广布东亚地区而且已经被驯化，可供食用和乘骑。姜子牙的坐骑就是一头"四不像"，也就是麋鹿。春秋时期的管仲还曾利用麋鹿征服了一个国家。当时楚国与齐国为敌，齐国的宰相管仲就想到一个主意，他派人去楚国购鹿，还到处扬言"齐桓公好鹿，不惜重金。"楚国商人见有利可图，纷纷加紧购鹿，起初三枚铜币一头，过了十几天，加价为五枚铜币一头，最后价钱提高到四十枚铜币一头。楚国人一看麋鹿价格这样高昂，于是农民不种地了，士兵不训练了，都上山捕鹿去了。

过了几年，楚国大荒，铜币虽然堆积成山，却买不到粮食，因为管仲已发出号令，禁止各诸侯国与楚通商买卖粮食。无奈之下，楚国只好对齐国低头。管仲的英明虽然被人们称颂，但他的这个举措可能是导致楚地麋鹿灭绝的主要原因。

【图二】清·汪绂山海经存本

【图三】明·蒋应镐绘图本

妴胡——鱼目麋

《东山经》　　　有兽焉，其状如麋而鱼目，名曰妴（wǎn）胡，其鸣自訆。

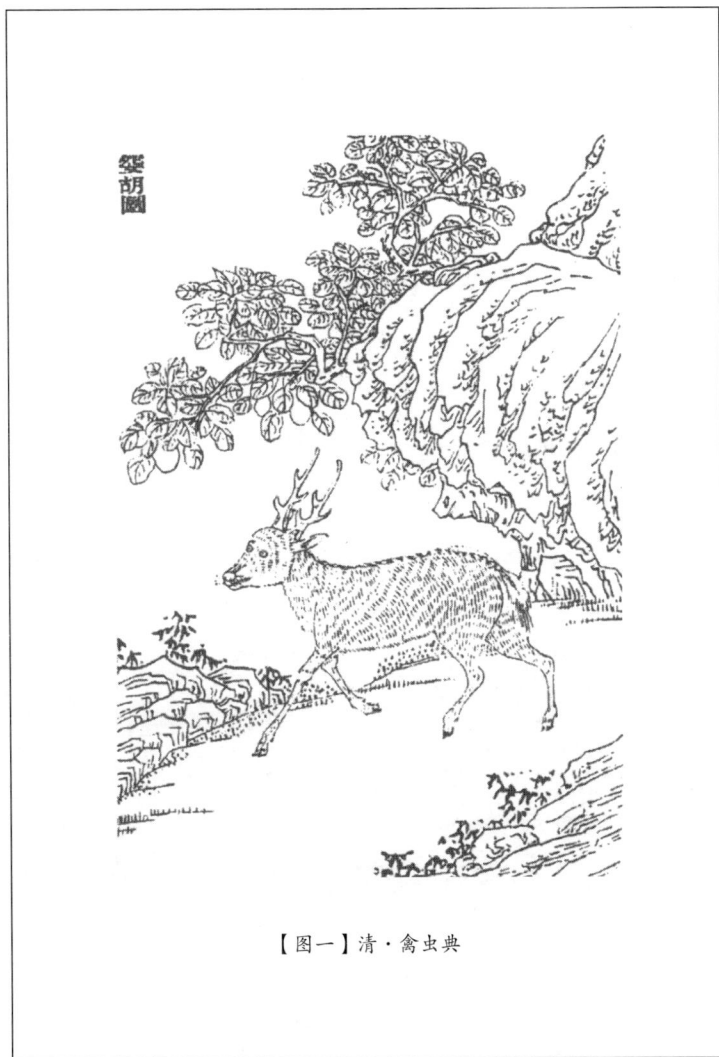

【图一】清·禽虫典

㺒胡的传说

东方第三列山系之首座山，叫作尸胡山。从尸胡山山顶向北可以望见殔（xiáng）山，尸胡山上有丰富的金属矿物和玉石，山下有茂密的酸枣树。山中有一种野兽，形貌像麋鹿却长着鱼一样的眼睛，名称是㺒胡，它发出的叫声便是自身名称的读音。

根据清朝人郝懿（yì）行记述，他在清朝嘉庆五年（公元1800年）册封琉球回国，途中在马齿山停泊，当地人向他进献了两头鹿，毛色浅而眼睛很小，像鱼眼。当地人说这是海鱼所化，但他认为这就是㺒胡。

这种传说中的动物㺒胡，应该就是河麂（jǐ）。河麂就是俗称的獐（zhāng）子，比麝（shè）略大，大约一米高，是一种小型鹿。獐子生活于山地草坡灌木丛、草坡中，不上高山，喜欢在河岸、湖边等潮湿或沼泽地的芦苇中生活。獐子的皮毛多呈现棕黄色、灰黄色，毛很厚。獐子生性胆子小，两耳直立，感觉灵敏，善于隐藏，也善游泳，人类难以靠近它。

獐子是最原始的鹿科动物，早在新石器时代，就已经被人类所猎食，是最地道的"土著动物"之一。獐子的皮、骨、肉都有很高的食用和药用价值。现在俗称的"獐宝"，是幼獐吮吸獐奶后在胃中积结的奶块，属于名贵稀有药材。獐子在我国的分布曾经很广，但现在野生獐子仅在洪泽湖、鄱阳湖以及长江入海口幸存约万余只。

【图二】清·汪绂山海经存本

【图三】明·蒋应镐绘图本

精精 ——马尾牛

《东山经》　　　　有兽焉，其状如牛而马尾，名曰精精，其鸣自叫。

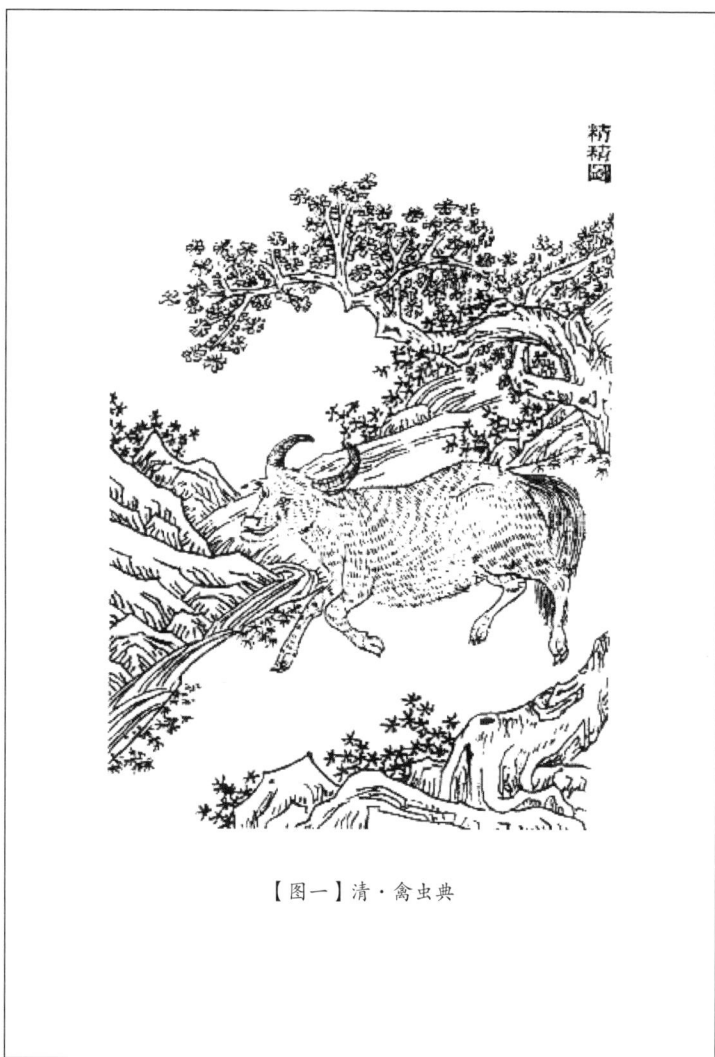

【图一】清·禽虫典

精精的传说

从跂踵（qǐ zhǒng）山往南行九百里水路，是蛑隅（mǔ yǔ）山，山上有茂密的花草树木，有丰富的金属矿物和玉石，还有许多红色矿石。蛑隅山里有一种野兽，名字叫精精。其形貌像牛，却长着马一样的尾巴，它发出的叫声便是自身名字的读音。

明朝万历二十五年，在浙江丽水一带发现了一种异兽，长着两只角，身上有鹿的斑纹，马尾牛蹄，有人说这就是精精。根据描述，人们推测这种异兽应该是角马。但角马原产于非洲，怎么会在明朝出现呢？原来万历二十五年，已经是公元1597年了，已经进入大航海时代一百多年了，这时候距离葡萄牙人在澳门上岸也有三十多年了，因此，这头角马很有可能是葡萄牙、西班牙或者是荷兰的殖民者们从非洲运过来的。

角马是大型的食草动物，外形似牛，机体结实程度介于山羊和羚羊之间，故又称牛羚。角马的尾巴长而成簇，很像是马尾。这样看起来，角马是最符合《山海经》里对精精的描述的动物。角马有一项很有意思的活动，就是迁徙（xǐ）。每年到了旱季的时候，数百万计的角马，浩浩荡荡地出发，直到到达一个新草场。然后过一段时间，待雨季来临，角马再循着原来的路线迁徙回来。它们一路上要遭遇狮子、鬣狗、猎豹、鳄鱼的围剿（jiǎo），而且有很多小角马会在迁徙途中出生，出生后几分钟之内就从能站立到能独立行走，为的是跟上迁徙大军的脚步。

【图二】清·汪绂山海经存本

【图三】明·蒋应镐绘图本

猲狙——赤首鼠目狼

《东山经》 有兽焉，其状如狼，赤首鼠目，其音如豚，名曰猲狙（hè jū），是食人。

【图】清·禽虫典

猰狙的传说

东方第四列山系之首座山，叫作北号山。山中生长着一种奇特的树木，形状像普通的杨树，却开红色花朵，结的果实与枣子相似，却没有果核，味道酸中带甜，据说人吃了它可以预防疟疾病。山中栖息着一种野兽，形貌像狼，长着红脑袋和老鼠的眼睛，发出的声音如同小猪叫，名字叫猰狙。这种野兽虽然看起来很普通，但却是吃人的猛兽。

猰狙长得像狼，又有一对老鼠眼睛，叫声也很怪异，这些特征与鬣狗非常一致。现在鬣狗虽然只在非洲和印度繁衍，但在古代，鬣狗却是一种常见的野兽。在远古时代，人类生存十分艰难，不但要躲避猛兽的袭击，还要与猛兽争夺居住场所。有很多猛兽与远古人类一样，是选择洞穴居住的，比如洞狮、洞熊以及洞鬣狗（斑鬣狗已灭绝的一个亚种）。但洞鬣狗要比现在生活在非洲的鬣狗大得多，而且洞鬣狗最主要的食物是猛犸（mǎ）象。只有捕捉不到猛犸象的时候，它们才去捕捉马、鹿等动物。

洞狮与洞熊的体型都很大，人们很少去挑衅这两种庞然大物，但是洞鬣狗的洞穴是远古时代人类的主要争夺对象，人们经常驱赶甚至杀死洞鬣狗，然后占据它们的洞穴。在北京周口店山顶洞人的洞穴里发现的洞鬣狗的残骸，就是人类驱赶及猎杀洞鬣狗的证明。

当康——长牙兽

《东山经》　有兽焉，其状如豚而有牙，其名曰当康，其鸣自叫，见则天下大穰。

【图一】日本图本

当康的传说

女烝山再往东南二百里就是钦山，山中有丰富的金属矿物和玉石，却没有石头。师水从这座山发源，然后向北流入皋泽，水中有很多鳛（qiū）鱼，还有很多色彩斑斓的贝。山中有一种野兽，形貌像猪，却长着大獠牙，名字叫作当康，它发出的叫声就是自身名字的读音，它一出现天下就要大丰收。

当康又叫作牙豚，浑身青色，两只大耳，口中伸出四个长牙，如象牙一般，抱在外面。传说天下即将获得丰收的时候，它就从山中出来啼叫，告诉人们丰收将至。因此，它虽然样子不太好看，却是一种瑞兽。当康还叫作无损兽，根据《神异经》的记载，南方有一种野兽，长得像鹿但是又有猪的头，还有大象一样的牙，有沟通上天的本领，很喜欢听人的话去向上天求五谷粮食。无损兽有一个很特异的本领，就是人类饥饿难耐的时候割取它的肉食用，它会立即自己恢复，所以被称为无损兽。

猪是古代非常重要的家畜，殷墟出土的甲骨文中已有"豕"的象形字，甲骨文中的"家"字，从"宀"从"豕"，表明人们当时是在居室内养猪的。由于猪是杂食动物，不挑食，也成了农耕民族最主要的肉食来源。而且由于粮食丰收有富余才可以饲养猪，因此猪也被当成了富裕吉祥之物，比如在商代猪被认为是贵重、吉祥的礼物。当康应该就是一种猪的图腾文化象征。

當康

【图二】清·汪绂山海经存本

合𪊨——人面猪

《东山经》　　有兽焉，其状如彘而人面，黄身而赤尾，其名曰合
𪊨，其音如婴儿。是兽也，食人，亦食虫蛇，见则天
下大水。

【图一】清·禽虫典

合窳的传说

子桐山再往东北二百里就到了刬（yǎn）山。山上有一种吃人的异兽，叫作合窳。合窳长着猪身子，却又有人的面孔，全身黄色，只有尾巴是红色的，发出的叫音如同婴儿啼哭。合窳吃人，也吃虫和蛇，它一出现天下就会发生水灾。

合窳这种怪兽应该是传说中封豨①的后裔。在上古时代除了十个太阳摧残着人类之外，有很多怪兽也趁乱出来吃人。其中有一种怪兽叫作封豨，在桑林一带作乱。封豨长得像一头大野猪，还有长牙利爪，力气赛过牛。封豨不但会毁坏庄稼，还吃家畜和人，附近的人们一提起它，就痛恨不已。

后来，天帝就派大神后羿下凡来处理这件事情。后羿下凡后，射掉了九个太阳，还生擒了封豨。并把封豨宰掉，用它的肉做成肉膏献给天帝。谁知天帝大发雷霆。原来十个太阳都是天帝的儿子，天帝只是希望后羿稍微惩戒一下他们，没想到却被后羿射死了九个。

封豨虽然被杀了，但它有一些后裔留下来，叫作合窳。合窳还是没有吸取先人的教训，经常出来吃人。因此，人们非常怀念后羿，希望后羿能把合窳也一块儿给收拾了。

注释：

① 豨（xī）：古语指巨大的野猪。

【图二】明·蒋应镐绘图本

蜚——一目蛇尾牛

《东山经》 有兽焉，其状如牛而白首，一目而蛇尾，其名曰蜚（fēi），行水则竭，行草则死，见则天下大疫。

【图一】清·禽虫典

205

蜚的传说

剡山再往东二百里是太山，山中有一种野兽，形貌像一般的牛，却长着白脑袋，长着一只眼睛和蛇一样的尾巴，名字叫蜚，它行经有水的地方，那里的水就干涸；行经有草的地方，那里的草就枯死；它只要一出现，天下就会发生大瘟疫。

蜚真是可怕的灾兽，简直就是传说中的死神。公元前七世纪的春秋时期，鲁国有个国君叫鲁庄公。鲁庄公生不逢时，正好遇到春秋五霸之首齐桓公称霸的时期，更不幸的是，鲁国是齐国的邻国，是齐国觊觎^①的地方。而且鲁庄公一开始就下错庄了，他支持齐桓公的竞争对手公子纠，从而成为齐桓公的眼中钉。齐桓公做国君后，先灭了周边的几个小国，然后开始对鲁国下手，鲁庄公无力招架，只好求和。

在会盟的时候，鲁庄公的臣子曹沫（mò）拔出宝剑，劫持了齐桓公，要求齐国归还鲁国在齐鲁边境上的汶阳之田。齐桓公答应了。此事之后，鲁庄公对齐桓公言从计听。然而，还没等鲁国过几年太平日子，就发生了一件大事，即出现了蜚灾。史书记载："秋，有蜚，为灾也。凡物不为灾不书。"就是说某年秋天，鲁国发生了蜚灾。一般凡损失不严重且没有造成大灾祸的，史书是不记载的。这也是春秋记载的第一个灾祸，应该是给鲁国造成了很大的损失了吧。

注释：

① 觊觎（jì yú）：渴望得到不应该得到的东西。

【图二】清·四川成或因绘图本

【图三】清·汪绂山海经存本

207

蜚狀如牛面白首一目蛇尾見則大疫出泰山

蜚則災歇
跂踵澤深
曾所經涉
竭水槁林
稟氣自然
疆此殃涇

【图四】清·毕沅图注原本

【图五】明·蒋应镐绘图本

𧲪——文题鼠

《中山经》　　有兽焉，其状如豗鼠①而文题，其名曰𧲪（nài），食之
已瘿②。

【图一】清·禽虫典

注释：

① 豗（huī）鼠：古代指灰鼠，又名松鼠。

② 瘿（yǐng）：脖颈上的肉瘤。

羆的传说

　　甘枣山是薄山山系之首，共水从这座山发源，然后向西流入黄河。薄山山系在现在的山西境内，甘枣山就在山西芮城，这里有条河叫作共水，共工氏就是在这里繁衍生息并发展起来的。共工氏是炎帝的后裔。炎帝自阪泉之战失败后，就并入了黄帝部落，虽然失去了独立性，但其后人仍是子孙绵绵、人丁兴旺。其中的一支后裔就是姜姓共工氏部落，居住在共水两岸。共工氏有着丰富的治水经验，氏族的图腾就是水。共工氏的首领世代担任治理水利的官职，人们尊之为水神。

　　甘枣山除了是共水和共工氏的发源地之外，山上还有茂密的杻树。山下有一种草，葵菜一样的茎干，杏树一样的叶子，开黄色的花朵而结带荚的果实，名称是箨（tuò），吃了它可以治愈眼睛昏花。甘枣山中还有一种野兽，形貌像松鼠，但是额头上有花纹，名字叫作羆。据说吃了它的肉，能治好人脖子上的赘瘤。

　　不过据推测这种异兽应该是一种小型的熊类，很有可能就是马来熊。马来熊是现存最小的熊类，体长只有一米多，擅长爬树，喜欢吃白蚁、蚯蚓、蜂蜜，有一只很长的舌头，能够舔食白蚁。马来熊很大一部分时间是在树杈上自己做的粗糙窝中度过的，包括睡眠和日光浴。马来熊胆小怕冷，但并不冬眠，或许是因为它们居住在热带地区，因而食物来源一年到头都比较充足的缘故吧。

【图二】明·蒋应镐绘图本

㸲㸲——白尾狸

《中山经》　　　有兽焉，其状如狸，而白尾有鬣，名曰㸲（pèi）㸲，养
　　　　　　　之可以已忧。

【图一】清·禽虫典

212

朏朏的传说

从牛首山再往北四十里有座霍山。霍山又名霍太山、太岳山，是中国五大镇山之一。所谓东镇沂（yí）山、西镇吴山、中镇霍山、南镇会稽（jī）山、北镇医巫闾（lú）山，是排名仅在五岳之下的五座名山。

霍山上生长着很多构（gòu）树。山上有一种野兽，形貌似狸，但尾巴是白色的，长有鬃毛，这种野兽的名字叫朏朏。朏朏是一种贴心又乖巧的物种，善解人意，养这种动物可以让人心情愉悦。因此，清朝研究《山海经》的专家吴任臣就曾说过"安得朏朏与之游，而释我之忧"。

虽然朏朏到底是哪种动物，现在已经很难考据。但有人说，朏朏其实就是传说中的风生兽。南海里有个炎洲，炎洲上有种奇怪的动物，叫作风生兽。样子像豹，只有狐狸那么大。有人捉到它之后用火烧，一车柴烧光了，也没有烧死。用刀砍它，也砍不伤。有心狠的人拿大铁锤砸它的头，砸了几十下，它才倒下身去死了。可是它死之后，张着口，朝着风。风一吹，不一会儿，它又活了过来。后来，终于有人找到了杀死它的方法：取石头上长的菖蒲①，塞在它的鼻子里，它才会真的死去。

注释：

① 菖蒲（chāng pú）：水生植物，多年生草本植物，有香气，地下有根茎，可作香料，又可作中药，用于健胃，还可驱蚊虫。

【图二】明·蒋应镐绘图本

䶂䶂——有角彘

《中山经》　　有兽焉，其状如麂而有角，其音如号，名曰䶂䶂（lóng zhì），食之不眯①。

【图一】清·禽虫典

注释：

① 眯：做噩梦。

蚕蚳的传说

从阳山再往西二百里，就来到了昆吾山，山上有丰富的赤铜。上古时期，黄帝讨伐蚩尤的时候，很是犯愁，因为蚩尤铜头铁额，寻常的兵器根本伤不了他。而且蚩尤头上还有一个角，无坚不摧，据说耳朵边上的毛发直竖起来就像是剑戟①，削铁如泥。于是，黄帝很想改造自己军队的武器。后来他打听到昆吾山出产赤铜，是铸造兵器的好材料，就带人来这里挖铜矿。

黄帝带人来到昆吾山，遇到了蚕蚳。蚕蚳是昆吾山中的一种野兽，形貌像一般的猪却长着角，发出的声音如同人在号啕大哭，人吃了它的肉就不会做噩梦。这种动物与鬼丽山的蚕蛭名称虽然很像，却是不一样的动物，昆吾山的蚕蚳很可能是一种貘（mò）。于是黄帝带领的军队就驻扎在这里挖铜矿，并且以貘为军粮。吃的貘多了，就逐渐总结出貘的医药功能：可以让人不做噩梦。昆吾山的铜矿也确实名不虚传，黄帝在这里采集了很多铜矿，又在其他著名的铜矿产地采集了好多优质铜矿，都运到首山，在那里开炉炼铜，最后铸造出了大名鼎鼎的轩辕剑，并用这把神剑，杀死了蚩尤。

注释：

① 剑戟（jǐ）：古代刀剑、钩戟之类的武器。

216

【图二】清·汪绂山海经存本

【图三】明·蒋应镐绘图本

马腹——人面虎

《中山经》　　有兽焉，其名曰马腹，其状如人面虎身，其音如婴儿，是
　　　　　　　　食人。

【图一】明·蒋应镐绘图本

马腹的传说

独苏山再往西二百里，就到了蔓渠山，山上有丰富的金属矿物和玉石，山下到处是小竹丛。伊水从这座山发源，然后向东流入洛水。山中有一种野兽，名字叫马腹，虎身人面，发出的声音如同婴儿啼哭，是一种吃人的异兽。

几乎每一个不听话的小孩子，都被大人这么吓唬过："麻祜（hù）来了""不听话，麻祜吃了你"。虽然麻祜是什么，长什么样，人们也许已经忘记了，但麻祜吃人的说法却代代相传，流传了几千年。

那么，麻祜到底是什么呢？最早的麻祜应该就是栖息在蔓渠山的异兽马腹。马腹这种人面虎身的吃人异兽，恶名本来只在一些小范围内流传，比如在蔓渠山附近。但隋朝开凿京杭大运河的督护麻祜，却让马腹的恶名流传开来。

原来麻祜喜欢吃小孩的肉，于是让人进献小孩。因此就有人专门偷小孩献给麻祜。百姓苦不堪言，每天晚上都把小孩锁起来。百姓不敢直接骂麻祜，由于麻祜与马腹谐音，就用马腹指代麻祜。每当小孩子哭闹的时候，大人就说一句："马腹来了！"小孩子马上不敢哭了。后来这件事情被隋炀帝知道了，就派大将把麻祜抓起来，审判之后把他腰斩了。但是马腹的恶名已经传播到全国各地了，以致流传至今。

馬腸

【图二】明·胡文焕图本

馬腹

【图三】清·汪绂山海经存本

夫诸——四角白鹿

《中山经》　　有兽焉，其状如白鹿而四角，名曰夫诸，见则其邑大水。

【图一】清·禽虫典

夫诸的传说

中央第三列山系荩（fù）山山系的首座山，叫作敖岸山，天神熏池就曾经住在这里。山中有一种野兽，名字叫夫诸。形貌像一般的白鹿却长着四只角，据说它在哪个地方出现，哪里就会发生水灾。

夫诸与传说中的白鹿很有渊源。白鹿是一种瑞兽，历史上有很多关于白鹿的传说。陕西西安有白鹿原，江西九江有白鹿洞书院等。其中西安白鹿原的传说最为传奇。

相传在西周末期，北方的犬戎兴起，对西周都城镐（hào）京造成了严重威胁，就连周幽王也被犬戎杀死。继承王位的周平王想要迁都，就来到镐京东边的原上考察。某个黎明时分，周平王从原上远望，只看见一只通体雪白的鹿，口含一枚灵芝，忽攸而至。白鹿看到周平王后吃了一惊，转身向西南方向飞去，一头扎进一条河里不见了踪影。后来人们发现，凡是白鹿经过的地方，皆一片郁郁葱葱，疠疫①灭绝，成了人们安居乐业的好地方。从此以后，这片土地就叫作白鹿原。

白鹿虽然是祥瑞之兽，但如果长了四只角的白鹿，就成了灾兽了，是水灾的征兆。这是因为白鹿消失的那条河，因为过多地承载了白鹿的祥兆，反而因此发生了洪灾。人们为了把这种灾兽与祥瑞之兽白鹿区分开，就把四只角的灾兽称作夫诸了。

注释：

① 疠疫（lì yì）：意思是瘟疫。

【图二】清·汪绂山海经存本

【图三】明·蒋应镐绘图本

犀渠——食人牛

《中山经》　　　有兽焉，其状如牛，苍身，其音如婴儿，是食人，其名曰
　　　　　　　　犀渠。

【图一】清·禽虫典

犀渠的传说

　　扶猪山再往西一百二十里，就来到了厘山。山南面有很多玉石，山北面有茂密的茜（qiàn）草。厘山生活着两种野兽，一种是犀渠，另一种是獭①。犀渠形貌像一般的牛，全身青黑色，发出的声音如同婴儿啼哭，是吃人的异兽。獭的形貌像獳犬②，却全身有鳞甲，长在鳞甲间的毛像猪鬃（zōng）一样。

　　犀渠应该是一种类似于犀牛的异兽。犀牛是一种大型的食草动物，主要分布在亚洲和非洲。上古时期，犀牛曾经遍布大半个中国，比如殷商时期的太行山、泰山都有犀牛出没；春秋时期的长江流域仍然大量存在犀牛；到了汉朝，中原地区已经没有犀牛了；到了清朝，中国境内的犀牛几乎全部消失了，只有云南南部还有少量存在。

　　犀牛逐渐消失的主要原因是被大量猎杀和自然气候的变化。人们大量猎杀犀牛，是因为犀牛非常有用，犀牛的角是非常名贵的中药材，犀牛的皮是古人制作盔甲盾牌的重要材料。自然气候的变化，则是由于黄河流域气候逐渐变冷，热带动物犀牛的栖息地就逐步萎缩，直至几乎灭绝。至于说犀渠吃人，应该是这种动物的庞大体型与暴躁性格给人们的错觉，以至于讹（é）传成这样了。

注释：

① 獭（jié）：即獭，常栖息水边，善游泳。

② 獳（nòu）犬：被激怒的狗。

【图二】清·汪绂山海经存本

【图三】明·蒋应镐绘图本

山膏——骂人猪

《中山经》 有兽焉，名曰山膏，其状如逐①，赤若丹火，善詈②。

【图一】清·禽虫典

注释：

① 逐：同"豚"，意指小猪。

② 詈（lì）：骂，责骂。

山膏的传说

姑媱（yáo）山往东二十里，就来到了苦山。山上有种树，叫作黄棘（jí），开黄花，叶子是圆形的，果实像兰草的果实，如果误食了它，就会不孕不育。这种果实其实就是上古时期的避孕药。山上还有一种草，圆的叶子而没有茎干，开红花却不结果实，名字叫无条，吃了它能使人的脖子不长肉瘤。

这座山里还生活着一种很有意思的动物，名字叫作山膏，长得很像小猪，全身都是火红色的，特别喜欢骂人。有一次帝喾出游到了苦山，就遇到了一头山膏。帝喾看见这头小猪和其他的猪不一样，整天在泥里打滚，浑身反而干干净净的，皮毛还是火红色。于是帝喾就想抓住当宠物，结果这头小猪开口就骂，恶毒地诅咒帝喾。帝喾自从做了部落首领之后，还是第一次被这么恶毒地骂，他勃然大怒，就把盘瓠放出去，咬死了这只山膏。

山膏

【图二】清·汪绂山海经存本

230

文文——反舌蜂

《中山经》　　有兽焉，其状如蜂，枝尾而反舌，善呼，其名曰文文。

【图】清·禽虫典

文文的传说

堵山再往东五十二里，是座放皋山。山中有一种树木，名字叫蒙木，叶子与槐树叶相似，开黄色花却不结果实，人吃了它就能变聪明。山中有一种野兽，形貌像蜜蜂，长着分叉的尾巴和反着生长的舌头，喜欢呼叫，名字叫文文。

文文应该是生活在放皋山的一种蜂，个头比较大，而且长得比较奇怪，所以被记载在《山海经》里。

放皋山，又叫狼噑山，在今河南省洛阳市伊川县境内。在放皋山脚下，曾经有一个著名的书院，叫作伊川书院，书院的山长（即校长）叫程颐（yí），程颐号伊川先生。程颐与其兄程颢（hào），并称二程，共创"洛学"，为现在的理学奠定了基础。

"程门立雪"这个成语说的就是程颐在这里讲学的事情。北宋时期，有个叫杨时的读书人，一直很仰慕程颢、程颐，但杨时被调去做官，所以未能拜见。后来杨时在颍昌为官时，恰逢程颢反对变法被贬在这里，于是拜程颢为师。杨时回家的时候，程颢目送他说："我的学说将向南方传播了。"又过了四年，程颢去世了，杨时听说以后，在卧室设了恩师程颢的灵位。此后不久，杨时又到洛阳拜见程颐，这时杨时大概四十岁了。一天杨时拜见程颐，程颐正在打瞌睡，杨时和同伴恭敬地站在一旁没有离开，等到程颐睡醒时，门外的雪已经有一尺多深了。

狨狼——白尾长耳狐

《中山经》　　有兽焉，其状如狐，而白尾长耳，名狨（yǐ）狼，见则国内有兵。

【图一】清·禽虫典

狍狼的传说

　　高梁山再往东四百里，是蛇山，这里的树木以枸（xún）树最多，还有许多豫章树。山中有一种野兽，形貌很像狐狸，却长着白尾巴和长耳朵，名字叫狍狼。狍狼在哪个国家出现，哪个国家就会有战争。

　　跟狼很相似的狍狼，很有可能就是传说中的狈。相传狈是一种跟狼很相似的动物，是狼的近亲，其前腿特别短，所以走路时要爬在狼的身上，一旦没有狼的扶助，就不能行动。既然狈如此不方便行走，狼为什么去哪里也要带着它呢？因为狈非常狡猾，其聪明程度远超过狼和狐狸，因此总是能指挥狼群逃脱人类的追击。所以狈一出生，就成了狼群的军师，狼去哪里都要带上狈，以便应付紧急情况。

　　也有人说，狈其实是畸形的狼。一般来说，畸形狼较罕见，又难以自己去觅食，存活下来的数量很少。曾有人亲眼在狼群中见到狈的身影，当驱散狼群时，狈就趴在地上急得团团转，寸步难行。另一种说法是，狈其实是被猎户所设的捕兽夹夹断前腿的狼，因为狼是群体生活的动物，不会遗弃自己的同伴，所以会让狈的一双短前腿放在自己背上以便一起行动。

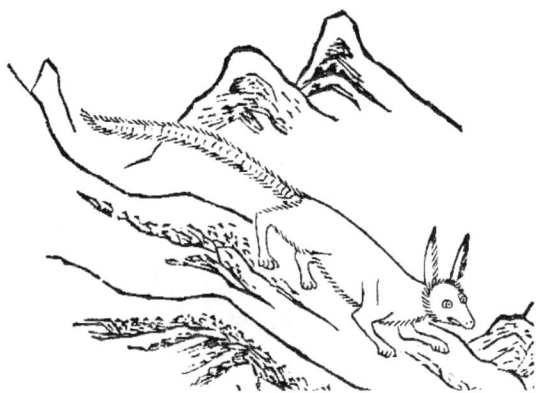

【图二】明·蒋应镐绘图本

【图三】清·四川成或因绘图本

雍和——赤目赤喙黄身猴

《中山经》　　　　有兽焉，其状如蝯[1]，赤目、赤喙、黄身，名曰雍和，见
　　　　　　　　　则国有大恐。神耕父处之，常游清泠[2]之渊，出入有光，
　　　　　　　　　见则其国为败。

【图一】清·禽虫典

注释：

① 蝯（yuán）：古同"猿"。

② 泠（líng）：清凉，冷清。

獜——有鳞虎爪犬

《中山经》 有兽焉，其状如犬，虎爪有甲，其名曰獜（lìn），善駚
牵①，食者不风。

【图一】清·禽虫典

注释：

① 駚牵（yāng fèn）：跳跃腾扑的意思。

獜的传说

堇（jīn）理山再往东南三十里，就来到了依轱（gū）山。山中有一种野兽，形貌像普通的狗，却长着老虎一样的爪子，而且它的身上又有鳞甲，名字叫獜。它擅长跳跃腾扑，据说吃了它的肉就能使人不患风痹（bì）病。

獜也是一种神兽的后裔，它的祖上就是大名鼎鼎的麒麟。麒麟是中国传统神话里有名的祥瑞之兽。麒麟每次一出现，世间就会降临一个圣人。据说，孔子出生和去世之前都出现了麒麟。孔子出生前，有麒麟在他家的院子里"口吐玉书"，书上写道"水精之子，系衰周而素王"，孔子在《春秋》哀公十四年春天，提到"西狩（shòu）获麟"，孔子为此落泪，并表示"吾道穷矣"。不久之后，孔子就去世了，所以麒麟也被视为儒家的象征。

麒麟的地位虽然很高，但也有不争气的后裔，比如獜。先从外表上说，麒麟长着狮头、鹿角、虎眼、麋身、龙鳞，而獜只有狗身、虎爪、龙鳞。麒麟是祥瑞之兆，与龙凤并驾齐驱，而獜只是依轱山里的一种野兽，擅长跳跃腾扑，最大的益处是吃了它的肉就能使人不患风痹病。麒麟有这样的后裔，真可谓是"龙生九子，各个不同"了。

【图二】清·汪绂山海经存本

【图三】清·四川成或因绘图本

【图四】明·蒋应镐绘图本

猴——红毛猥

《中山经》　　　　有兽焉，其状如彙，赤如丹火，其名曰猥（lì），见则
　　　　　　　　　其国大疫。

【图】清·禽虫典

猴的传说

从毕山再往东南走二十里，就来到了乐马山。山中有一种野兽，名字叫猴。其形貌像刺猬，全身赤红如丹火。这种异兽在哪个国家出现，哪个国家就会发生大瘟疫。

天帝颛顼的三个儿子，死后都成了鬼怪，而且专做坏事。其中一个死后则变成一只疫鬼，又叫虐鬼，专门给人间散布疟疾病。另一个叫魍魉（wǎng liǎng）鬼，居住在若水，长得像三岁的小孩子，红眼睛，长耳朵，喜欢搬弄是非，挑拨离间，闹得家庭不和。还有一个，谁家有了小孩就去惊吓小孩，又被人们称作小儿鬼。

这仨鬼肆意危害人间，但众神碍于颛顼的面子，不愿去管，于是他们更加猖獗。只有这仨鬼为祸实在太烈的时候，人们才请巫师方相氏做傩戏①驱除，但是也不敢将其杀死。

这仨鬼还有不少散布疫病的追随者，其中一个就是猴。疫病被大傩驱除的时候，猴有时会跟这仨鬼失散，就去住在乐马山上，随时等着首领的召唤。住在乐马山的猴是不敢轻易出去的，因为它们会带来疫病而被人们所痛恨。

注释：

① 傩（nuó）戏：又称傩舞，是在民间祭祀仪式基础上吸取民间戏曲而形成的一种戏曲形式。广泛流传于安徽、江西、湖北、湖南、四川等地。

狙如 ——白耳白喙鼠

《中山经》　　有兽焉，状如獃（fèi）鼠，白耳白喙，名曰狙如，见则
　　　　　　　其国有大兵。

《中山经》　　有兽焉，其状如狸，而白首虎爪，名曰梁渠，见则其国
　　　　　　　有大兵。

【图一】清·禽虫典　　【图二】清·汪绂山海经存本

狙如的传说

卑山再往东走三十里，有一座倚帝山。倚帝山上有丰富的玉石，山下有丰富的金矿。倚帝山中有一种野兽，形貌像鼫鼠，长着白耳朵白嘴巴，名字叫狙如。这种异兽在哪个国家出现，哪个国家就会发生大的战争。距离倚帝山不远处，有一座历石山，这里的树木以牡荆和枸杞最多，山阳面盛产黄金，山阴面盛产细磨石。山中有一种野兽，名字叫梁渠，形状像野猫，却长着白色的脑袋、老虎一样的爪子。相传，其在哪个国家出现，哪个国家就会发生大的战争。

这两座山中栖息的狙如和梁渠，其实是一种动物。即狙如和梁渠是一种动物的不同叫法。这种动物还叫云豹。云豹虽然叫豹，但其体型不大，只比猫大一点，是体型最小的一种豹亚科动物。云豹全身淡灰褐色，身体两侧约有六个云状的暗色斑纹，这也是它为什么叫云豹的原因。云豹个头不大，但是具有惊人而致命的咬合力。云豹有相对于它的体型来说比较大的脚掌，很像是虎爪。

这种神奇的动物非常善于隐蔽，人们即使从树下经过，也很难看见潜伏在树上的云豹。因此人们每次看见神秘的云豹，就会担心这预示着什么。有人有一两次遇见云豹后，随即发生了战争，故认为云豹是战争的征兆，然后便以讹传讹，这种说法就流传开来。

【图三】明·蒋应镐绘图本

闻獜——黄身白头猪

《中山经》 有兽焉，其状如彘，黄身、白头、白尾，名曰闻獜
（lín），见则天下大风。

【图一】清·禽虫典

248

闻獜的传说

杳（yǎo）山再往东三百五十里，是座几山。这里的树木，以楢树、檀（tán）树、枏树最多，而草类主要是各种香草。山中有一种野兽，叫作闻獜。它的形貌像普通的猪，却是黄色的身子、白色的脑袋、白色的尾巴。

自翼望山起到几山的荆山山系，一共有四十八座山，这些山的山神都是猪身人面。相传，这些山神大都是野猪成精后所变的，这也说明了这些地方野猪比较多见。普通野猪修炼成野猪山神，是需要一个过程的，闻獜就是这两者之间的那个过渡阶段，代表其已经超越了普通野猪，但还没有达到山神那种程度。不过，闻獜还是修炼出了一些神力的，如它出现在哪里，哪里就会刮起大风。

在神话传说里，猪形神兽还是有不少的，比如深受大家喜爱的猪八戒。大家都知道孙悟空的原型就是印度教猴神哈努曼，但猪八戒是不是也有原型呢？其实猪八戒的原型是印度教的大神毗湿奴。毗湿奴是印度教中的守护之神，常化身成各种形象拯救人们于危难，他的其中一个化身就是野猪瓦拉哈。据说有一个名为毕拉尼克的恶魔欲将大地拖入海中，毗湿奴便化身为野猪潜入海中与恶魔搏斗，并打败了恶魔，然后用他的牙将大地拉起。因此，野猪也就成了拯救世界的一个英雄之神。后来四大名著之一《西游记》的作者吴承恩就是根据这个传说塑造了猪八戒的形象。

【图二】日本图本

【图三】明·胡文焕图本

間貒

【图四】清·汪绂山海经存本

蛫——白身赤首龟

《中山经》 有兽焉，其状如龟，而白身赤首，名曰蛫（guì），是可以御火。

【图一】清·四川成或因绘图本

252

蜼的传说

暴山往东南二百里，有座即公山。即公山上有一种野兽，名字叫蜼。其形貌像一般的乌龟，却是白身子、红脑袋。据说人们饲养它可以辟火。蜼这种异兽，应该是龟的一种。

龟在古代神话里有很高的地位。人们将龙、凤、麟、龟并称为"四灵"，因此有很多关于龟的神话传说。据说在渤海之东有一个叫归墟（xū）的地方，是一个无底之海，在海上漂浮着"五座神山"即岱舆（dài yú）、员峤（qiáo）、方丈、瀛（yíng）洲、蓬莱。每一座山都由三头巨鳌①支撑着，这些巨鳌每六万年换一次班。

正当远古时代的人们在这五座神山上安居乐业的时候，生活在龙伯国的巨人去那里游玩了。龙伯国的巨人都很高，像神山一样高大。他们到了归墟，就拿出钓鱼竿，挂上饵去钓鱼。由于那些巨鳌每六万年才能换一次班，早就饿得受不了了，一见到饵，就主动上钩了。结果，巨鳌被龙伯国人钓走了六只，于是，岱舆和员峤这两座神山就消失了。住在那两座神山里的不计其数的人们被迫流亡到其他地方。这件事让天帝十分震怒，于是他把龙伯国流放到边远地方，并把龙伯国人庞大的躯体变小了。

注释：

① 鳌（áo）：传说中海里的大龟或大鳖。

蚖

【图二】清·汪绂山海经存本

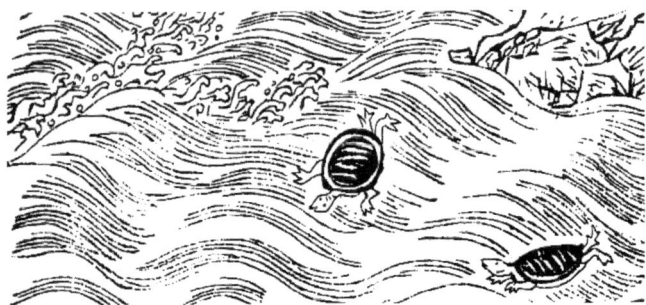

【图三】明·蒋应镐绘图本

并封——双头猪

《海外西经》 并封在巫咸东，其状如彘，前后皆有首，黑。

【图一】清·禽虫典

并封的传说

女丑是帝尧时期有名的大巫师。在古代中国，巫师的地位很高，因为他们是人类跟神灵打交道的唯一的使者，占卜、治病、祓禳①、祈福等重大仪式，都需要巫师主持。

帝尧时期，十个太阳出现在天空，大巫师女丑主动请缨②，作法祈雨，结果被十个太阳炙烤而死。但人们没有忘记为祈雨而死的女丑，她死去的地方，经常有人去祭祀。那些去祭拜和定居的巫师们甚至在那里组成了一个国家——女丑国。再后来，这个国家又出现了一位著名的巫师叫作巫咸，因此这个国家又叫作巫咸国。这个国家的巫师们都认为是女丑的继承人，是天帝向人们传达旨意的通道，也是人们向上天表达诉求的途径。

跟西方女巫有飞行扫帚一样，巫咸国的巫师们也是有坐骑的，而且很神奇，叫作并封。并封看起来像是猪，却前后都有头，可以向前走，也可以向后走，可以在向前走的时候突然向后走，并且不用转身。并非所有的并封都像猪，还有像狗的，也有像马的，但它们都有一个特点，就是一身生双头。有人说，并封这种神奇的动物，可能是巫师们用法力创造的。

注释：

① 祓禳（fú ráng）：除凶之祭。

② 请缨（yīng）：指请求给自己一根长绳子，比喻主动请求担当重任。

并封狀如彘前後皆有首黑色出巫咸國之東

龍過無頭并封連
戴物狀相乖如罴
分背數得自通
尋之愈聞

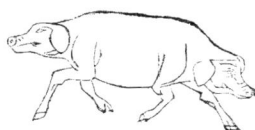

【图二】清·毕沅图注原本

并封狀如彘前後皆有首黑色出巫咸國之東

龍過無頭
并封連載
物狀相乖
如罴分背
數得自通
尋之愈聞

【图三】上海锦章图本

【图四】明·蒋应镐绘图本

并封

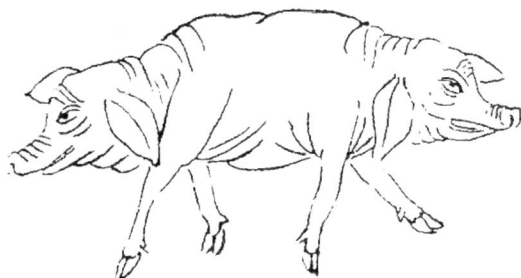

【图五】清·汪绂山海经存本

夔——一足无角牛

《大荒东经》　　东海中有流波山，入海七千里。其上有兽，状如牛，苍
　　　　　　　身而无角，一足，出入水则必风雨，其光如日月，其声
　　　　　　　如雷，其名曰夔。黄帝得之，以其皮为鼓，橛①以雷兽之
　　　　　　　骨，声闻五百里，以威天下。

【图一】明·蒋应镐绘图本

注释：

① 橛（jué）：敲打的意思。

夔（牛）的传说

有关夔（牛）的传说，与黄帝和蚩尤的部落战争有关。我们知道，黄帝跟蚩尤的战争旷日持久，蚩尤的军队又很顽强，于是黄帝这方军队士气就逐渐低落了，黄帝见状很是焦虑。后来他终于想出了一个主意，就是制作一面威力强大的军鼓，来振作士气，威慑敌人。于是他把主意打到了夔（牛）的身上。

夔（牛）是生活在流波山的一种神兽，形貌像牛，身子是苍灰色，头上没有角，只有一条腿，能够在水里自由自在地畅游。其每次进出海水的时候，都伴随着大风大雨。夔（牛）的眼睛闪烁着太阳一样的光辉，每次张开大嘴吼叫，就像是打雷一样。

黄帝派出风后、应龙等手下，把夔（牛）捉住，用它的皮制作了一面鼓。但是这面鼓不是寻常的鼓槌（chuí）能够敲响的，黄帝就又捉住了大神雷神，用他的一根骨头制作了一根鼓槌。于是，夔（牛）鼓和雷神槌结合在一起，发出了惊天动地的响声，比打雷的声音更大，可以传到五百里之外。到了战场上，黄帝拿出这件神器，一连擂了九槌，擂得天地变色，日月无光。结果，黄帝这方军威大振，蚩尤那方的军队听了却是骨软筋麻，连兵器都拿不稳了。黄帝指挥军队趁势冲杀开来，把蚩尤的军队杀了个落花流水，甚至连蚩尤也被抓起来了。但一般的兵器杀不了铜头铁臂的蚩尤。于是黄帝又拿出轩辕剑，杀死了蚩尤。为了防止蚩尤复活，还把蚩尤的尸体分成五段，分别埋到了不同的地方。

【图二】清·四川成或因绘图本

夔状如牛蒼而無角一足出入必有風雨其音如流泣出山

【图三】清·吴任臣图本

夔

【图四】明·胡文焕图本